高等职业教育"十二五"规划教材

Daolu Kance Sheji Shixun Zhidaoshu
道路勘测设计实训指导书

潘　威　主　编
邵景干　副主编
李　强　主　审

人民交通出版社股份有限公司
China Communications Press Co.,Ltd.

内 容 提 要

本书为高等职业教育"十二五"规划教材。主要内容包括：实习组织与安排，外业勘测内容与方法，内业设计内容与方法，考核方法及成绩评定，实习及课程设计的参考资料。

本书为高职、中职院校道路与桥梁工程技术专业及相关专业教材，也可供工程技术人员学习参考。

＊本书配有教学课件，读者可于人民交通出版社股份有限公司下载。

图书在版编目（CIP）数据

道路勘测设计实训指导书/潘威主编．—北京：人民交通出版社股份有限公司，2016.3
高等职业教育"十二五"规划教材
ISBN 978-7-114-12848-6

Ⅰ．①道… Ⅱ．①潘… Ⅲ．①道路测量—高等职业教育—教材 ②道路工程—设计—高等职业教育—教材 Ⅳ．①U412

中国版本图书馆 CIP 数据核字（2016）第 039977 号

高等职业教育"十二五"规划教材

书　　名：	道路勘测设计实训指导书
著 作 者：	潘　威
责任编辑：	袁　方
出版发行：	人民交通出版社股份有限公司
地　　址：	（100011）北京市朝阳区安定门外外馆斜街 3 号
网　　址：	http://www.ccpress.com.cn
销售电话：	（010）59757973
总 经 销：	人民交通出版社股份有限公司发行部
经　　销：	各地新华书店
印　　刷：	北京鑫正大印刷有限公司
开　　本：	787×1092　1/16
印　　张：	17
字　　数：	403 千
版　　次：	2016 年 3 月　第 1 版
印　　次：	2019 年 8 月　第 2 次印刷
书　　号：	ISBN 978-7-114-12848-6
定　　价：	45.00 元

（有印刷、装订质量问题的图书由本公司负责调换）

前　　言

　　道路勘测设计是公路工程建设的基本程序，也是公路施工的基本依据。道路勘测设计课程涵盖工程测量技术、公路 CAD 技术、建筑材料、工程造价、路基工程、路面工程、桥涵工程等专业课程。因此，道路勘测是一门综合应用技术。只有通过道路勘测设计实训，才能检验学生专业课学习的效果，训练学生专业技能的综合应用；才能让学生了解和掌握施工图设计的全过程；才能让学生从源头了解公路工程施工的具体细节。鉴于此，我们组织有公路勘测野外作业和内业设计丰富经验的老师编写了本书。

　　学生通过道路勘测外业和内业分工及各小组的分工协作，可充分体会到工作中相互配合、协同攻关的重要性，培养精诚合作的团队精神；通过野外实地道路踏勘、选线、定线、测量等辛勤作业，培养学生不畏艰难、努力工作的良好作风和严谨、求真、务实的优良品质。

　　学生通过实训，可达到以下教学目的：

　　(1)掌握路线线型设计的一般过程及设计内容；

　　(2)掌握路线平面线型的纸上定线方法及线型计算方法；

　　(3)掌握路线纵断面设计及计算方法；

　　(4)掌握路线土石方数量计算与调配方法；

　　(5)掌握道路平面、纵断面及横断面的绘图方法；

　　(6)提高综合运用所学知识分析、解决问题的能力。

　　全书由河南交通职业技术学院潘威老师主编，河南交通职业技术学院教授级高工、享受国务院特殊津贴专家李强主审。参加本书编写的有河南交通职业技术学院潘威、邵景干、朱铁增、李旭丹、张丽娟、张恩朝、吴晶。具体编写分工为：第一章、第二章、第三章、第四章及第五章附录一、附录二由潘威老师编写；第五章附录三、附录四的 A1、A2 由邵景干老师编写；第五章附录四的 A3~B3 由张丽娟老师编写；第五章附录四 C1~C5 由朱铁增老师编写；第五章附录四 D1~D3 由李旭丹老师编写；第五章附录四的 D4~D7 由张恩朝老师编写；第五章附录四的 E1~E2 由吴晶老师编写。

　　本书结合传统设计方法和新技术应用，结合具体实训任务，采用标准化的公路勘测野外数据采集图表，让学生自己动手完成一条等级道路外业测量和内业设计。由于测绘技术的快速发展，加上作者专业水平所限，书中定有不足之处，恳请读者批评指正。

编　者
2015 年 11 月

目　　录

第一章　实习组织与安排 ·· 1
　一、实习目的 ·· 1
　二、实习任务 ·· 1
　三、技术要求 ·· 1
　四、实习时间 ·· 2
　五、实习地点 ·· 2
　六、实习分组及工作要求 ·· 2
　七、测量实习仪器和工具的准备 ·· 2
　八、工作要求 ·· 4
　九、组织和指导 ··· 5

第二章　外业勘测内容与方法 ·· 6
　一、选线 ··· 6
　二、中桩 ·· 11
　三、水准测量 ·· 18
　四、横断面 ··· 19
　五、调查组 ··· 21
　六、地形组 ··· 24
　七、内业组 ··· 24

第三章　内业设计内容与方法 ·· 26
　一、平面设计 ·· 26
　二、纵断面设计 ·· 26
　三、横断面设计 ·· 28

第四章　考核方法及成绩评定 ·· 35
　一、外业勘测应掌握的内容 ·· 35
　二、内业设计应掌握的内容 ·· 35
　三、实习期间的纪律要求 ··· 35
　四、勘测实习的成果要求 ··· 36
　五、资料装订顺序 ··· 36
　六、如何写好实习日记 ·· 36
　七、如何写好实习报告 ·· 36
　八、实习纪律 ·· 37
　九、考核内容与成绩评定 ··· 37

第五章	实习及课程设计的参考资料	39
附录一	公路测设指标汇总	40
附录二	实习日志样本	42
附录三	野外勘测实习数据成果	43
附录四	道路外业测设记录表	45
A1	平面控制测量记录簿	47
A2	放线记录簿	53
A3	中桩记录簿	59
A4	水平测量记录簿	67
A5	横断面测量记录簿	75
B1	用地调查记录簿	81
B2	拆迁建筑构造物记录簿	89
B3	拆迁电信及电力设备记录簿	97
C1	公路工程地质调查记录簿	105
C2	挡土墙调查记录簿	115
C3	筑路材料调查记录簿	125
C4	路线外取土坑调查记录簿	131
C5	路面路基情况调查记录簿	139
D1	涵洞原始资料记录簿	145
D2	小桥测设记录簿	153
D3	大中桥测量记录簿	167
D4	通道原始资料记录簿	193
D5	隧道测设记录簿	201
D6	原有涵洞调查记录簿	235
D7	原有桥梁构造物调查记录簿	241
E1	道路交叉测量调查记录簿	247
E2	管线交叉测量调查记录簿	257

参考文献 265

第一章 实习组织与安排

一、实习目的

《道路勘测设计》是交通类高职道路与桥梁工程技术专业的主干课程;道路勘测设计的外业资料采集、内业成果处理以及平、纵、横综合设计,是该专业学生必须掌握的一项综合工作能力和专业技能。只有了解公路桥梁的设计过程,才能具体把握公路施工的关键细节;只有了解公路施工的关键细节,才能在公路工程施工监理工作中把握具体的技术节点;只有把握公路施工监理的技术节点,才能在公路工程试验检测工作中有的放矢。所以公路设计是公路类各项工作的前提和基础。该课程的任务是使学生掌握道路路线勘测、设计的基本理论与方法,能够对道路的平面、纵断面、横断面进行综合设计,为学习后续课程和从事实际工作打下基础。

由于该课程是实践性很强的综合性课程,为了使学生更好地掌握道路勘测设计的方法,加深对理论知识的了解,勘测实习是必不可少的教学环节。它的目的和要求是使学生系统地掌握与巩固所学理论知识,并运用它来解决工程设计问题,即要求学生掌握公路勘测设计程序,道路野外勘测和内业工作的内容与基本方法,厘清道路野外勘测与内业工作的关系,以及道路设计文件的编制等。

通过实习,使学生能够较全面地掌握外业勘测和内业设计的内容与方法、外业勘测与内业设计的关系、道路设计文件的编制方法,提高学生的实际操作能力以及熟练运用道路辅助设计软件的能力;使学生能够熟练应用全站仪、水准仪、经纬仪等常规测量仪器和工具,并掌握利用 GPS 进行放样的方法。培养学生的组织协调能力、团结合作以及吃苦耐劳的精神,能独立进行一般地质、水文条件下的勘测设计工作,为学生今后从事道路工程勘测设计工作打下一定的专业基础。

二、实习任务

道路勘测设计实习的任务是在给定的起点和终点之间,按照已定的技术标准,结合地形、地质及其他沿线条件,综合考虑平、纵、横三方面因素,在实地定出路中线的确切位置;并进行详细测量和调查,最终完成道路的平面、纵断面、横断面设计,路基路面结构设计,沿线构筑物和交通设施设计,并计算路基土石方,编制一阶段施工图设计文件。

三、技术要求

实习工作应分组进行,每组独立完成一条 2~3 km 的道路勘测设计工作。设计道路技术指标根据实训地点的地形条件和实习道路的等级查阅《公路工程技术标准》(JTG B01—2014)和《公路路线设计规范》(JTG D20—2006)。

四、实习时间

道路勘测设计实习的程序和进度应依据实际情况制订。既要保证在规定的时间内完成测量实习任务,又要注意保质保量地做好每一环节的具体工作;在实施中遇到暴雨、冰雪等恶劣天气时,还要做到灵活调整,以使实习工作能够顺利进行。实习时间为6周,其中野外实习3周、内业设计3周。其具体实习安排,如表1-1所示。

道路勘测设计的实习安排　　　　　　　　　　　表1-1

项　目	实　习　内　容	实习时间(周)
外业勘测	选线、定线(含图根控制、地形图勾绘、穿线、测角)	3
	中桩放样(含地形图勾绘)	
	水准测量(含基平、中平)	
	横断面测量	
	外业调查(含桥涵、拆迁、地质、材料等调查)	
内业设计	手工进行平、纵、横设计及土石方计算	3
	熟悉道路辅助设计软件	
	利用道路辅助设计软件进行平、纵、横设计及土石方计算	
	整理设计文件及实习报告	
合计		6

五、实习地点

道路勘测设计实习主要是在原有的道路的基础上,按新建或改建道路的标准完成一条三级公路外业勘测和内业设计。根据实习的需要,路线带范围内进行导线测量时,导线点的坐标可采用独立坐标体系,也可与国家导线点进行联测,采用测区统一坐标系。

六、实习分组及工作要求

为了保证实习效果,实习采用分组进行(实习小组与就餐小组一致),每组10名同学。每个组独立进行一条道路的勘测设计工作,也可根据工作内容再分小组,不同小组的工作内容必须进行轮换,即每个同学必须参与实习过程的每一个环节。

各实习小组的野外记录、内业图表等各项资料采取签核制度,即记录、绘图、制表、校核者均应签名,与实际工作做法一致,若发现错误应及时报告,不得擅自涂改原始记录。

七、测量实习仪器和工具的准备

(一)测量实习仪器和工具的领取

在道路勘测设计实习中,要做各种测量工作,不同的工作往往需要使用不同的仪器。测量小组可根据本组承担的工作任务以及采用的测量方法配备仪器和工具。每个实习小组按照工作内容,各组仪器的配备如表1-2所示。每组配备的仪器按照分组工作轮换,交替训练测量仪器的使用。

道路勘测设计实习仪器配备汇总表　　　　表1-2

仪具名称	单位	选线	测角	中桩	水准	横断面调查	合计
GPS	台	2	4	4			10
全站仪	台	2	4	4			10
水准仪	台				12		12
罗盘仪	台		4				4
望远镜	台	2	4				6
对讲机	台	4	12	12	12	10	50
塔尺	根				24		24
花杆	根	8	8	16		20	52
钢卷尺	把	2		12		12	26
计算器	台	2	4	8	8	4	26
锤子	把	2	4	4			10
小钢钉	盒		8	20	80		108
木桩	个			100	400		500
红布	尺	20	20	60	20		120
红漆	盒	4	4	12	4		24
写桩笔(红)	支	8	8	40			56
毛笔	支	4	4	40	20		68
记录夹	个	4	8	8	12	12	44
铅笔	盒	2	4	12	12	6	36
削笔刀	个	4	4	12	12	12	44
三角板	支	2	4	4			10
地形图例	套	2					2
规范	套	2	2	2	2	12	20
测设用表	套	2	4	4	12	12	34
工具包	个	2	4	4	12	12	34
电子蚊香	个						22
水壶	个						160
冬季保温及夏季防暑用品、急救跌打损伤药品	批						适量
笔记本电脑	台						8
打印、传真、复印一体机	台						2
网线	m						200
无线路由器	台						10

（二）测量仪器检验与校正

初次领取仪器后,首先应认真对照清单仔细清点仪器和工具的数量,核对编号,发现问题及时提出解决,然后对仪器进行检查。整个野外实习期间,所测设仪器都将由每个实习小组自行收拾保管,各小组组长应做好每日仪器检查维护的工作。

1. 仪器的一般性检查

（1）仪器检查

仪器应表面无碰伤,盖板及部件结合整齐,密封性好;仪器与三脚架连接稳固无松动;仪器转动灵活,制、微动螺旋工作良好;水准器状态良好。望远镜对光清晰、目镜调焦螺旋使用正常;读数窗成像清晰。全站仪等电子仪器除上述检查外,还需检查操作键盘的按键功能是否正常,反应是否灵敏;信号及信息显示是否清晰、完整,功能是否正常。

（2）三脚架检查

三脚架是否伸缩灵活自如;脚架紧固螺旋功能正常。

（3）水准尺检查

水准尺尺身平直;其尺面分划清晰。

仪器都将由每个实习小组自行收拾保护,各小组组长应做好每日仪器检查维护的工作,并每日做好仪器使用记录。

（4）反射棱镜检查

反射棱镜镜面完整无裂痕;反射棱镜与安装设备配套。

2. 仪器的检验与校正

水准仪的检验与校正、经纬仪的检验与校正、全站仪的检验与校正均可参照《工程测量》一书或咨询各实习小组指导老师。

注：自用的《道路勘测设计》《公路工程施工测量技术》《工程测量》等教材以及相关规范、计算器、草稿纸等请同学们自备。

八、工作要求

道路勘测设计实习和课程设计是教学计划中非常重要的实践性教学环节,每个学生都要充分重视,在实习过程中,应达到以下要求：

（1）巩固课堂理论知识,将道路勘测设计、路基路面工程及其相关基础课程,如公路工程地质、道路建筑材料、工程测量技术、土质学与土力学、桥涵水文等课程的知识有机地联系起来,融会贯通,提高运用理论知识分析和处理实际问题的能力。

（2）提高收集资料、获取信息的能力,掌握相关规范、规程的使用方法,了解其主要内容。

（3）理论联系实际,加强技能训练,熟练掌握常规测量仪器的操作使用方法,熟练掌握道路测设原理和各类测量数据的分析、计算方法,提高计算及绘图能力,积极应用计算机解决工程计算、绘图问题。

（4）勤于观察,勤于思考,善于总结。每天必须坚持写实习日记,应按工程单位的工作日志记录,避免写成"流水账"或生活日记的形式。实习日记要求简明扼要,记录当天的工作内容、进度、体会,遇到的问题,解决问题的思路、措施和方法等。实习结束后,进行总结并撰写实习报告,主要说明实习的过程、内容、方法,以及学习的体会、收获、意见、建议等。此外,还需提交完整的测量成果记录,课程设计图表、说明书等设计文件。

(5)培养严谨细致、认真负责、团结协作、吃苦耐劳的工作作风,提高组织、协调能力。

学生通过道路勘测外业和内业分工及各小组的分工协作,可充分体会到工作中相互配合、协同攻关的重要性,培养团队合作精神;通过野外实地道路踏勘、选线、定线、测量等辛勤作业,能够培养学生不畏艰难、努力工作的良好作风和严谨、求真、务实的优良品质。

九、组织和指导

(1)实习领导小组的职责

负责生产实习期间的政治思想工作、生产管理工作、安全工作、卫生保健工作和领导测量工作的进行,并对学生的实习成绩评分作最后的评定。

(2)指导教师的职责

对本作业组的学生负有责任。负有对学生的思想教育、组织纪律、安全生产、业务技术理论等方面的指导责任,并对学生的实习成绩给予评分。

(3)指导教师的配备

根据各外业小组学生数量以及工作内容的多少,强度的高低,每个外业工作小组配置3~4名指导教师,内业组配备2~3名指导教师。

指导教师的工作,是保证如期按质完成测设任务的基础。指导教师应每日检查学生的野外测量(调查)记录、实习日记、内业图表的正确性并签名及标明日期。

第二章　外业勘测内容与方法

根据道路外业勘测工作内容的不同,一般包括选线(含图根控制和地形图)、测角、中桩、基平测量、中平测量、横断面、外业调查。为了提高工作效率,实习过程中可根据工作内容分小组进行;各小组也可以根据实际情况合并进行。

一、选线

道路选线是一个涉及面广,影响因素众多,政策性和技术性都很强的工作。它是由面到片、由片到线、由线到点、由粗到细的过程,是逐步具体、逐步优化、逐步补充修改和提高的过程。

选线的内容与方法:根据技术标准和路线方案,结合道路等级和所属区域的地形、地质条件,从平、纵、横三方面综合考虑,具体定出合理的路线。要求在平面上定出路线的交点、转点并现场定出平曲线半径,拟定沿线桥涵及其他人工构造物布设方案,与地质组共同拟定通过不良地质、水文等地段的处理措施。路线纵断面设计,应对设计成果进行现场复查与核对并作出修改与补充。实习时,采用现场定线和纸上定线相结合的方法,即根据技术标准,结合地形、地质等条件,在现场反复比较,并利用简单仪器和工具,直接选定路线中线的交点、转点等以确定中线位置,也可以先利用1:10000地形图进行纸上定线,然后实地放线,再根据地形条件进行线位的调整。

要求:路线的选定对工程质量有决定性的作用,技术性强,直接影响测设质量。由于该部分不是学生需要掌握的重点,因此定线工作主要由教师担任,配备部分学生协助教师工作,边做边讲,使参加定线工作的学生对选线的原则和定线的方法有所了解。

如地形、地质、水文情况不复杂的地段,可由学生试选,再由教师最后确定。

选线是整个外业勘测的核心,其他作业组都是根据它所插定的路线位置开展测量工作的。在选线之前,应该首先进行资料收集,在1:10000地形图上,大致了解区域的地形条件和路线的大致走向;然后进行现场踏勘,了解起终点间的道路走向及地形、地物、水文地质情况,以便在选线时能够综合考虑多方面的因素。

(一)导线测量

为方便道路测设工作,需要在路线带范围内布设导线点。导线是在地面上布设的若干直线连成的折线,作为路线方案比较的控制线。初测的导线测量主要是对导线长度、转角和平面坐标的测量工作。导线点设置的原则为既有利于路线测设,又便于长久保存。根据工程测量的方法进行导线测量,并进行平差分析。

主要工作内容:

1. 导线布设

初测导线的布设应全线贯通。导线点的选择应选在稳固处,导线点宜尽量接近路线位置,并便于测角、测距、测绘地形及定测放线。导线点的间距不应短于50m和长于500m;布设导线点时,应做好现场记录,并绘出草图。导线等级的选用参照《公路路线设计规范》

(JTG D20—2006)。

2. 导线长度测量

导线点距离采用全站仪测量或者 GPS 直接测坐标两种方式。

3. 水平角测量

水平角测量采用全测回法测量右侧角,经纬仪精度指标不低于 J_6 级。两个半测回限差在 60″内取其平均值,附合导线和闭合导线闭合差参照《工程测量规范》(GB 50026—2007)。施测中每天至少观测一次磁方位角,以校核导线转折角,其校核差不大于 2°。

注:导线测量可采用上述传统方法,也可采用 GPS 或全站仪直接采集导线点坐标,然后进行坐标平差的方法。

(二)选线和测角

选线的主要任务是:确定道路的走向和总体布局,具体确定道路的交点位置并根据现场条件初步选定圆曲线半径和缓和曲线长度。随着 GPS 的普遍使用,在实际工作中,选线组和测角组可以合并作业。现场定线的选线具体方法如下:

1. 前点——插控制点

前点一般由 1 人或 2 人担任。其主要工作是:根据路线走向,确定路线的控制点,并插上花杆,供后面定线参考。

2. 中点——以点定线

中点一般由 2 人担任。根据前点所插的控制点,根据技术标准,结合前后线形、地形及其他条件,用花杆穿出一条条导线。

3. 后点——以线交点

后点一般需要 3 个人。前面已经用花杆穿出了一条条导线,每两条导线相交则存在一个交点,这个交点就是路线交点的位置。在确定交点位置时,要结合前后线形和地形地物条件反复调整,最后用钉桩的方法将交点固定,并画出交点位置的草图,以便后续作业组能够顺利找到交点的位置。现场定出交点位置后可以直接用 GPS 采集交点坐标,便于室内展绘路线导线,利用计算机辅助软件精确确定曲线半径和缓和曲线长度,作为后续穿线的依据。

4. 测量路线与各交点的转角

根据选线组初定半径,调整曲线半径,并据以计算曲线要素,定出曲线中点方向桩;标定直线与修定点位;导线磁方位角与复核;视距测量两交点间视距;测角一般测量路线导线的交点右角,由右角计算转角(亦可直接观测转角)。

若用 GPS 测定交点坐标,也可以用坐标反算的方法计算路线导线的转角。

5. 测角组定设分角桩

为便于中桩组敷设平曲线中点桩(QZ),在测角的同时需做转角的分角线方向桩。分角桩方向的水平度盘读数按下式计算:

分角读数 = (前视读数 + 后视读数)/2　　(右转时)

分角读数 = (前视读数 + 后视读数)/2 + 180°　　(左转时)

6. 方位角观测与校核

为避免测角时发生错误,保证测角的精度,应在测设的过程中经常进行测角检查。检查经常是采用森林罗盘仪或带有罗盘的经纬仪通过观测导线边的磁方位角进行的,为保证精度,定测计算所得的磁方位角与观测磁方位角的校差不应超过 2°。

磁方位角每天至少应该观测一次（一般在出工开测或收工时进行观测）。假定路线起始边的磁方位角为 θ，则任意导线边的磁方位角为：

$$\theta_n = \theta + \sum \alpha_y - \sum \alpha_z$$

即任意导线边的磁方位角等于起始边磁方位角加上从起始边到该边的路线的所有右转转角再减去所有的左转角。

7. 交叉桩的保护和固定

在测设过程中，为避免交点桩的丢失及方便以后施工时寻找，交点桩在定测时必须加以固定和保护。

交点桩的保护，一般采用就地灌注混凝土的办法进行。混凝土的尺寸一般深 30 ~ 40cm，直径 15 ~ 20cm 或 10 ~ 20cm。

固桩则是将交点桩与周围固定物（如房角、电杆、基岩、孤石等）上某一不易破坏（损坏）的点联系起来，通过测定该点与交点桩的直线距离，将交点位置确定下来，以便今后桩点丢失时及时恢复该交点桩。用作交点桩固定的地物点应稳定可靠，各点位与交点桩连线之间的交角一般不宜小于 90°，固定点个数一般应在两个以上，如图 2-1 所示。

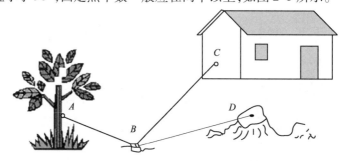

$AB=12.12m$　　$BC=15.98m$　　$BD=8.60m$

图 2-1　固定桩示意图

要求学生熟练掌握测角方法，了解曲线半径选定的依据，能熟练地计算曲线要素，填写与复核记录，要求尽可能地提高观测和计算的精度和速度。

8. 拟定圆曲线半径和缓和曲线长度

定出交点的位置以后，根据技术标准，拟定交点处的圆曲线半径和缓和曲线长度。圆曲线半径确定的一般原则：在条件许可时，争取选用不设超高的圆曲线半径；在一般情况下，宜采用极限最小半径的 4 ~ 8 倍或超高横坡度为 2% ~ 4% 的圆曲线半径；当地形条件受到限制时，曲线半径应尽量大于或接近于一般最小半径；在自然条件特殊困难或受其他条件严格限制而不得已时，方可采用圆曲线的极限最小半径。

另外，在旧路改建测设中，常遇到一些障碍物阻挡视线，特别是在旧路改建的平曲线测量中，原有道路周围的建筑物、树木较多导致测设视线不畅，因此在进行平曲线测设时经常采用虚交点。在旧路改建的路线测设既要考虑到充分利用原有道路，尽量减少周围建筑物的拆迁，又要符合公路设计规范的要求，这就要求首先确定原有道路平曲线各要素，平曲线半径的确定是测设的关键。虚交点的采用给平曲线的确定带来很大麻烦，通常做法是在现场根据经验先估计一个曲线半径进行试算，在实地放样与原有道路进行复核，用假定试算方法确定其圆曲线半径。

当交点位置、转角确定后，曲线计算的主要参数为半径 R 和缓和曲线长度 L_s。通常根据公路等级、地形条件等因素先拟定缓和曲线长度 L_s，其长度应满足相应设计车速的最小缓和曲线长度的要求；然后再根据实际情况初步拟定或根据控制条件反算半径 R，计算整个平曲线后看是否合适，再进一步进行调整。

缓和曲线 L_s 拟定后，半径 R 通常会由切线长 T 或外距 E 控制，则根据已知的 T 或 E，按前述曲线要素计算公式可反算出 R。一般情况下，仅受地形限制时，T 或 E 多为一个控制范围，因此反算出的 R 可向上或向下取整，而对曲线线位影响不大。当考虑前后两个曲线相接形成 S 形或 C 形曲线时，切线长 T 应严格控制，因此反算的半径要求精度较高，计算结果可能带有小数，不能取整；因需要解高次方程，较精确的结果应采用计算机求解得到，手工计算时，一般采用近似简化公式，精度较低，只适用于低等级道路。此外，曲线计算参数还有可能由某一点的支距控制，此时需要试算得到合适的曲线参数。

平曲线的计算，建议尽可能地应用计算机技术，既可编制程序，也可利用 Excel、MathCAD 等软件。

9. 几种特殊曲线的测设

(1) 虚交曲线

由于地形、地物的限制而不能实地钉设交点时，可采用虚交曲线或双交点曲线。计算图式见图 2-2，此时应测出转角 α_A、α_B 和基线长 AB，并推算 JD_A 桩号，即可按正弦定理计算出虚交点桩号和总转角 α，然后拟定 R、L_s 等计算参数，按基本型曲线进行计算、放样。

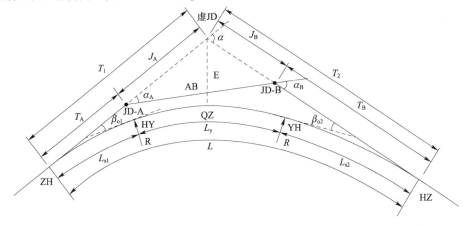

图 2-2　虚交点曲线要素计算

其中：

$$\alpha = \alpha_A + \alpha_B$$

$$J_A = \frac{\sin\alpha_B}{\sin\alpha} \cdot D_{AB}$$

$$J_B = \frac{\sin\alpha_A}{\sin\alpha} \cdot D_{AB}$$

$$T_A = T_1 - J_A$$

$$T_B = T_2 - J_B$$

$$JD \text{ 桩号} = JD_A \text{ 桩号} + J_A$$

双交点单曲线可以看作是以基线控制的虚交曲线。在实际应用中，按虚交曲线计算，其半径设置较为灵活，而且计算相对简单。

(2) 回头曲线

回头曲线的总转角接近或大于180°,其曲线半径小,线形标准低,行车条件差,但在山岭重丘区低等级公路中,却往往是越岭展线中用来克服高差或避让不良地质地段的有效方式。

在实际测设过程中,可采用类似于虚交曲线的设计方法。其基本思路是:首先,确定上、下线的导线,在适当位置设置连接上下线的辅助线,即基线;然后,用虚交的方法按基本型曲线计算并调整线位。这样可降低曲线设置的难度,可设置对称或非对称的缓和曲线,提高回头曲线设计参数确定的灵活性,同时曲线测设可以按照基本型曲线的常规方法进行,计算逐桩大地坐标也较方便,因而也可采用坐标法进行放样,进一步提高测设精度。

对于总转角小于180°的曲线,与普通的虚交曲线完全相同;当总转角大于180°时,其虚交点的位置在曲线的内侧,如图2-3所示;此时曲线要素中切线长和外距均为负值,但仍可按常规基本型曲线计算,当需要以切线长或外距控制曲线设计参数时,在计算时也应以负值代入。

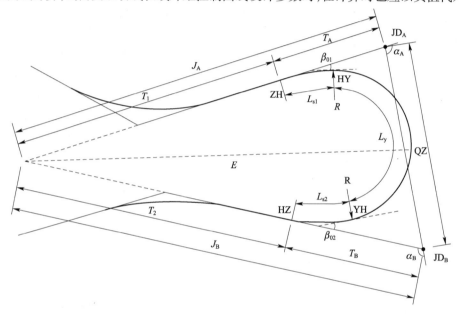

图2-3 回头曲线计算示例

(3)凸形曲线

凸形曲线是在两个同向回旋线间不插入圆曲线而径相衔接的线形组合,如图2-4所示。凸形曲线尽管在各衔接点处的曲率是连续的,但由于中间圆曲线长度为零,造成线形不够协调、美观,而且对驾驶操纵亦造成不利影响,因此,只有在受到地形、地物严格限制的条件下方可使用。

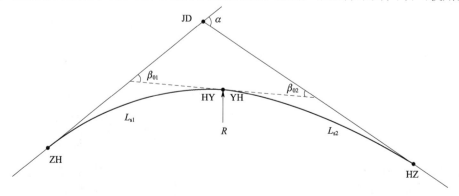

图2-4 凸曲线计算示例

当采用对称型曲线时,根据几何关系:

$$\beta_0 = \frac{l_s}{2R} = \frac{\alpha}{2}$$

先拟定半径 R,然后反算缓和曲线长:

$$l_s = R \cdot \alpha$$

先拟定缓和曲线长 l_s,然后反算半径:

$$R = \frac{l_s}{\alpha}$$

如果采用非对称式曲线,根据几何关系:

$$\beta_1 + \beta_2 = \frac{l_{s1}}{R} + \frac{l_{s2}}{R} = \alpha$$

只要事先拟定 R、l_{s1}、l_{s2} 三个参数中的任意两个,另一个参数可以通过反算得出。

如果先拟定半径 R 和一侧缓和曲线长 l_{s1},则可反算另一侧缓和曲线长 l_{s2}:

$$l_{s2} = \left(\alpha \cdot \frac{\pi}{180°} - \frac{l_{s1}}{2R}\right) \cdot 2R$$

如果拟定 l_{s1}、l_{s2},则反算半径 R:

$$R = \frac{l_{s1} + l_{s2}}{2\alpha \cdot \frac{\pi}{180°}}$$

确定了曲线设计参数后,此后的计算过程与基本型曲线的计算方法完全相同。

二、中桩

中桩的任务是根据实地布设的导线点,根据交点坐标、圆曲线半径和缓和曲线长度计算逐桩坐标,在现场钉设中桩。一般情况下,中桩桩距要求直线上每 20m 一个桩,曲线上每 10m 一个桩。结合现行的实际做法,本次中桩采用全站仪和 GPS(RTK) 两种方法进行放样。

(一)全站仪放样

1.交点坐标的测量

交点的位置确定以后,可根据周围布设的导线点进行交点坐标的测量。如图 2-5 所示,JD_1 附近有已经布设的导线点 D_1 和 D_2,根据 D_1 和 D_2 的坐标即可测量 JD_1 的坐标。

具体测量方法为:在 D_1 点架设全站仪,输入 D_1、D_2 的方位角和 D_1 点的坐标,后视 D_2 点,定出 D_1、D_2 的方向,转动度盘,瞄准目标棱镜点 JD_1,即可显示 JD_1 的坐标。同样的方法可测出所有交点的坐标。

2.逐桩坐标的计算

根据测量的各交点的坐标,以及拟定的圆曲线半径和缓和曲线长度,采用道路辅助设计软件计算曲线要素及主点桩号,并计算生成逐桩坐标表。

如采用手工计算逐桩坐标,则计算如下:

(1)直线段上中桩坐标计算

先计算切线角、内移值、增长值:

$$\beta_0 = \frac{l_s}{2R} \cdot \frac{180°}{\pi}$$

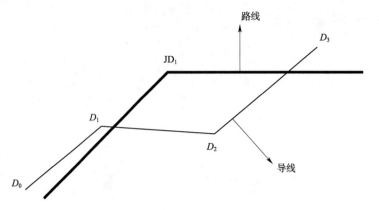

图 2-5 交点坐标测量示意图

$$m = \frac{l_s}{2} - \frac{l_s^3}{240R^2}$$

$$P = \frac{l_s^2}{24R} - \frac{l_s^4}{2688R^3}$$

计算曲线要素：

$$T = m + (R + P) \cdot \tan\frac{\alpha}{2}$$

$$E_0 = (R + P)/\cos\frac{\alpha}{2} - R$$

$$L = R \cdot \alpha \cdot \frac{\pi}{180°} + l_s$$

$$Q = 2T - L$$

如图 2-6 所示，设交点坐标为 $JD(X_J, Y_J)$，交点前后直线的方位角分别为 A_1 和 A_2。

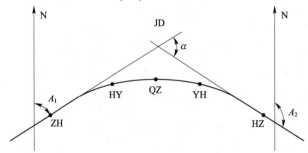

图 2-6 缓和曲线坐标计算示意图

则 ZH 点的坐标为：

$$X_{ZH} = X_J + T\cos(A_1 + 180°)$$
$$Y_{ZH} = Y_J + T\sin(A_1 + 180°)$$

HZ 点的坐标为：

$$X_{HZ} = X_J + T\cos A_2$$
$$Y_{HZ} = Y_J + T\cos A_2$$

交点前直线上任意点的坐标为：

$$X = X_J + (T + ZH - L)\cos(A_1 + 180°)$$
$$Y = Y_J + (T + ZH - L)\sin(A_1 + 180°)$$

交点后直线上任意点的坐标为:
$$X = X_J + (T + L - HZ)\cos A_2$$
$$Y = Y_J + (T + L - HZ)\sin A_2$$

其中 ZH、HZ 表示起、终点里程,L 表示所求桩号的里程。

(2)第一缓和曲线上点的坐标:

第一缓和曲线上缓圆点坐标为:
$$x = l_s - \frac{l_s^3}{40R^2}$$
$$y = \frac{l_s^2}{6R}$$

转换为路线整体坐标为:
$$X_{HY} = X_{ZH} + \sqrt{x^2 + y^2} \cdot \cos\left(A_1 \pm \arctan\frac{y}{x}\right)$$
$$Y_{HY} = Y_{ZH} + \sqrt{x^2 + y^2} \cdot \sin\left(A_1 \pm \arctan\frac{y}{x}\right)$$
(右偏取 +,左偏取 -)

第一缓和曲线上任意中桩点 P 坐标为:
$$x_p = (L - ZH) - \frac{(L - ZH)^5}{40R^2 l_s^2}$$
$$y_p = \frac{(L - ZH)^3}{6R l_s}$$

转换为路线整体坐标为:
$$X_p = X_{ZH} + \sqrt{x_p^2 + y_p^2} \cdot \cos\left(A_1 \pm \arctan\frac{y_p}{x_p}\right)$$
$$Y_p = Y_{ZH} + \sqrt{x_p^2 + y_p^2} \cdot \sin\left(A_1 \pm \arctan\frac{y_p}{x_p}\right)$$
(右偏取 +,左偏取 -)

圆曲线上任意中桩点 P 坐标为:
$$x_p = R \cdot \sin\left(\frac{L - HY}{R} \cdot \frac{180°}{\pi} + \beta_0\right) + m$$
$$y_p = R \cdot \left[1 - \cos\left(\frac{L - HY}{R} \cdot \frac{180°}{\pi} + \beta_0\right)\right] + p$$

转换为路线整体坐标为:
$$X_p = X_{ZH} + \sqrt{x_p^2 + y_p^2} \cdot \cos\left(A_1 \pm \arctan\frac{y_p}{x_p}\right)$$
$$Y_p = Y_{ZH} + \sqrt{x_p^2 + y_p^2} \cdot \sin\left(A_1 \pm \arctan\frac{y_p}{x_p}\right)$$
(右偏取 +,左偏取 -)

第二缓和曲线上圆缓点坐标为:
$$x = l_s - \frac{l_s^3}{40R^2}$$
$$y = \frac{l_s^2}{6R}$$

转换为路线整体坐标为:

$$X_{YH} = X_{HZ} + \sqrt{x^2 + y^2} \cdot \cos\left(A_2 + 180° \pm \arctan\frac{y}{x}\right)$$

$$Y_{HY} = Y_{HZ} + \sqrt{x^2 + y^2} \cdot \sin\left(A_2 + 180° \pm \arctan\frac{y}{x}\right)$$

（右偏取 - ,左偏取 + ）

第二缓和曲线上任意中桩点 P 坐标为：

$$x_p = (HZ - L) - \frac{(HZ - L)^5}{40R^2 l_s^2}$$

$$y_p = \frac{(HZ - L)^3}{6R l_s}$$

转换为路线整体坐标为：

$$X_p = X_{HZ} + \sqrt{x_p^2 + y_p^2} \cdot \cos\left(A_2 + 180° \pm \arctan\frac{y_p}{x_p}\right)$$

$$Y_p = Y_{ZH} + \sqrt{x_p^2 + y_p^2} \cdot \sin\left(A_2 + 180° \pm \arctan\frac{y_p}{x_p}\right)$$

（右偏取 - ,左偏取 + ）

(3) 曲中点的坐标计算：

JD 至 QZ 点方向的坐标方位角为：

$$A' = A_1 \pm 90° - \frac{\alpha}{2}\quad (\alpha \text{ 为交点的转角}, \text{右偏取 + ,左偏取 - })$$

$$X_{QZ} = X_{JD} + E_0 \cos A'$$

$$Y_{QZ} = Y_{JD} + E_0 \sin A'$$

(4) 无缓和曲线的单圆曲线坐标计算：

如果交点处的圆曲线半径较大,无须设置缓和曲线,这时,设圆曲线起、终点的坐标分别为 ZY(X_{ZY},Y_{ZY})、YZ(X_{YZ},Y_{YZ}),见图 2-7,则：

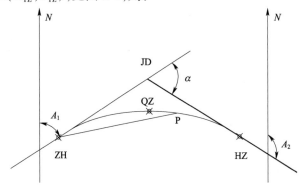

图 2-7 圆曲线坐标计算示意图

$$X_{ZY} = X_J + T\cos(A_1 + 180°)$$

$$Y_{ZY} = Y_J + T\sin(A_1 + 180°)$$

$$X_{YZ} = X_J + T\cos A_2$$

$$Y_{YZ} = Y_J + T\cos A_2$$

圆曲线上任意点的坐标为：

① 圆曲线上任意点的支距：

$$x = R \cdot \sin\left(\frac{L - ZY}{R} \cdot \frac{180°}{\pi}\right)$$

$$y = R - R/\cos\left(\frac{L-ZY}{R}\cdot\frac{180°}{\pi}\right)$$

②转换为路线整体坐标:

$$X_P = X_{ZY} + \sqrt{x^2+y^2}\cdot\cos\left(A_1 \pm \frac{L-ZY}{R}\cdot\frac{90°}{\pi}\right)$$
$$Y_P = Y_{ZY} + \sqrt{x^2+y^2}\cdot\sin\left(A_1 \pm \frac{L-ZY}{R}\cdot\frac{90°}{\pi}\right)$$

（右偏取 +，左偏取 −）

3. 中桩放样

求出逐桩后，采用全站仪进行中桩放样。全站仪放样有两种方法：极坐标法和坐标法。如图 2-8 所示，M 为路线上要放出的某一点，导 1 和导 2 为 M 点周围的导线点。

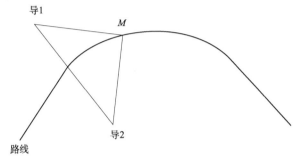

图 2-8　全站仪放样示意图

极坐标放样的方法：根据导 1 和导 2 以及 M 点的坐标，则可计算出导 2 导 1 的方位角和导 2M 的方位角，根据两导线的方位角算出它们之间的夹角，再根据坐标算出导 2M 的距离。在导 2 架设全站仪，后视导 1，根据夹角和距离放出 M 点的位置，也可根据方位角和距离放出 M 点位置。

坐标放样的方法：在导 2 点架仪器，后视导 1 点，输入导 2、导 1 点的坐标，定出导 2 导 1 的方向。输入待测点坐标 $M(X_M, Y_M)$，转动照准头使水平角为 $0°00'00''$，完成点 M 定向。置反射镜于 M 点附近，当面板上的数显示为 0.000 时，即为 M 点的精确点位。

4. 钉设中桩

需要钉设的中桩包括：路线的起始点桩、公里桩、百米桩、平曲线主点桩、桥梁隧道中轴线控制桩以及根据地形、地物需要设置的加桩等。直线路线上中桩的桩距一般为 20m。位于曲线上的中桩间距一般为 10m，但当平曲线半径为 30~60m、缓和曲线长为 30~50m 时，桩距不应大于 10m；当平曲线半径及缓和曲线长小于 30m 或用回头曲线时，桩距不应大于 5m。此外，在下列地点应设加桩：

①路线范围内纵向与横向地形有显著变化处；
②与水渠、管道、电信线、电力线等交叉或干扰地段起、终点；
③与既有公路、铁路、便道交叉处；
④病害地段的起、终点；
⑤拆迁建筑物处；
⑥占用耕地及经济林的起、终点；
⑦小桥涵中心及大、中桥和隧道的两端。

所有的桩均应采用实习队统一提供的标准桩，不可随意采用其他形式的桩。

在中桩测设过程中,出现桩号与实际里程不符的现象叫断链。断链的原因有很多,但主要有两种:一种是由于计算和丈量发生错误造成的;另一种则是由于局部改线、分段测量等客观原因造成的。

断链有"长链"和"短链"之分,凡新桩号比老桩号大(新路线比老路线长)的叫"长链",长链桩号重叠;凡新桩号比老桩号小(新路线比老路线短)的叫"短链",短链桩号间断。所谓"断链处理"就是不牵动全线桩号,允许中间断链,仅在改动处用新桩号,其他不变动处仍用老桩号,并就近在直线段选一个是整桩的老桩号为断链桩。在同一断链桩上分别标明新老两种里程及相互关系。

所有断链桩号应填在"总里程及断链桩号表"上,考虑断链桩号的影响,路线的总里程应为:

$$路线总里程 = 终点桩里程 + \Sigma 长链 - \Sigma 短链$$

例:某路线 A 在定测时,在 $AK2+356.400$ 处开始局部改线,老路线 A、新改路线 B 各自经过一段连续里程后,新改路线 B 在 $BK3+426.200$ 处又与老路线 A 重合,此处老桩号为 $AK3+641.600$。在这个重合点之后的直线段上有两个桩:

$AK3+660.00$ 等同于 $BK3+444.600$,则此断链是短链(短链 215.400m)。

该桩的桩志和桩号为:断链桩 $BK3+444.600 = AK3+660$(短链 215.4m)。若该断链桩之后还有一处断链现象,且为长链 65.4m,则新路终点 $AK8+500$ 的实际连续里程,即路线总长度为:

$$末桩里程 + 长链总和 - 短链总和 = 8500.00 + 65.40 - 215.40 = 8350.00 m$$

(二)GPS-RTK 放样

GPS-RTK 技术因其高效率、高精度、操作简便等优点,在道路测量中已被广泛应用。GPS-RTK 系统由基准站和流动站组成。基准站通过数据链实时将采集的载波相位观测及测站坐标改正信息一同发送给流动站,基准站在接收 GPS 信号并进行载波相位测量的同时,通过数据链将其观测值、卫星跟踪状态和测站坐标信息一起传送给移动站;移动站通过数据链接收来自基准站的数据,然后利用 GPS 控制器内置的随机实时数据处理软件与本机采集的 GPS 观测数据组成差分观测值进行实时处理,实时给出待测点的坐标、高程及实测精度,并将实测精度与预设精度指标进行比较,一旦实测精度符合要求,手簿将提示测量人员记录该点的三维坐标及其精度。其具体过程,如图 2-9 所示。

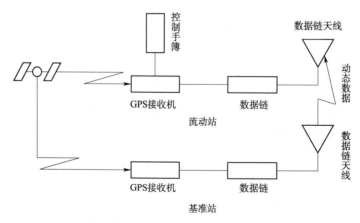

图 2-9 GPS-RTK 系统的工作原理

GPS-RTK 中桩放样有如下几个步骤：

1. 输入数据

将计算出的路线起、终点坐标以及曲线半径、转角等数据输入 GPS-RTK 的电子手簿。

2. 设置基准站

基准站应设置在上空开阔、没有强电磁干扰、多路径误差影响小的控制点上，架设好基准站和天线，打开接收机进行点校正工作。采用点校正方法建立坐标转换方式。

3. 设置流动站

打开接收机，选择 RTK 测量方式，流动站接收机在跟踪 GPS 卫星信号的同时也接收来自基准站的数据，进行处理获得流动站的三维 WGS-84 坐标，通过与基准站相同的坐标转换参数将 WGS-84 坐标转换成相应坐标。

4. 中线放样测量

选择"放样"选项，进行放样测量作业，系统软件会自动根据输入到 RTK 电子手簿中的放样点的坐标，定出放样点的位置。

5. 数据采集

当流动站到达放样点后，整平流动站天线，使放样点位置和天线中心位置重合，按"测量"键对放样点进行数据采集工作。用 GPS-RTK 系统采集数据时，包括中桩的高程数据，如果采用 1+3 的模式，即 1 个基准站、3 个流动站，还可同时测量中桩两侧横断面地面线各点的坐标和高程，使后面的水平测量和横断面测量工作大大简化。

(三) 网络 RTK 技术平台 CORS

CORS 是全球导航卫星连续运行参考站综合服务系统的简称。其在省内建立了一个高精度、高时空分辨率、高效率、高覆盖率的全球导航卫星系统 GNSS 综合信息服务网，把 GNSS 这一项高新技术综合应用于大地测量、工程测量、气象测量、地震测量、地面沉降测量、精确导航等领域。

CORS 采用的是单差散射和非散射相位改正数形成压缩的差分信息，首先从连续运行参考站传输数据到辅助参考站，系统估计参考站的双差模糊度，计算主参考站和辅参考站间的单差空间相关误差。流动站按自定义控件相关误差区域模型计算本站与各个参考站的空间相关误差，然后系统改正流动站的相位观测值并将高精度的差分信号发送给流动站，以此得到高精度的定位坐标。

基本原理：MAC 使用单差散射（Disperse）和非散射（Non-disperse）相位改正数形成压缩的差分信息。如图 2-10 所示。

本次道路勘察测量实习采用 Network RTK——CORS 系统，其主要优点如下：

(1) 解算速度快，定位精度高且分布均匀；

(2) 覆盖面积大，成本低廉。

(四) 写桩与钉桩

所有中桩应写明桩号，转点及曲线桩还应写桩名，如图 2-11 所示。为了便于找桩和避免漏桩，所有中桩应按每公里在背面编号。中桩的书写常用红油漆或油笔。

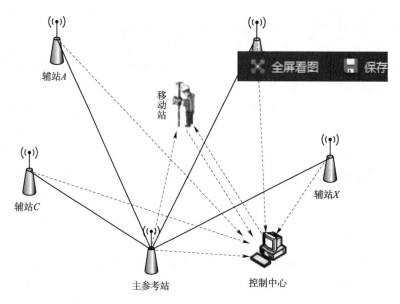

图 2-10　主辅站技术 MAC(Master Auxiliary Concept)

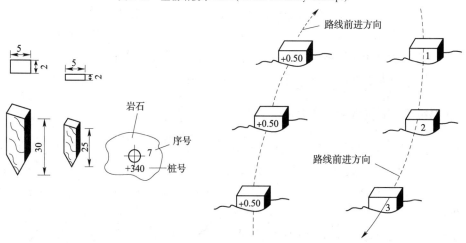

图 2-11　桩志(尺寸单位:cm)

三、水准测量

水准测量的任务是通过对路线中线各中桩高程进行测量,并沿线设置临时水准点,为路线纵断面和横断面设计和施工提供高程资料。水平组通常由 6 人组成,分基平和中平两个组。中平主要对各中桩进行水准测量;基平则主要是设置临时水准点并进行交点高程的测量。当导线测角采用全站仪时,可不设基平组,其任务由导线测角组代替。

水准测量主要工作内容和要求如下:

1. 水准点的设置

水准点的高程应引用国家水准点,并争取沿线联测,形成闭合导线。采用假定高程时,假定高程应尽量与实际高程接近,可借助于 1:10000 地图进行假定。

水准点沿线布设,应有足够的数量,平原微丘区间距为 1~2km;山岭重丘区间距为 0.5~1.0km。在大桥、隧道、垭口及其他大型构造物所在处应增设水准点。水准点应设在测设方便、牢固可靠的地点。设置的水准点应在记录本上绘出草图,并记录位置及所对应的路线的桩号,以便编制"水准点表"。

2. 基平测量

基平测量采用全站仪实测时,应采用不低于 2″级全站仪;若采用水准仪实测,应采用不低于 S3 级的水准仪,采用一组往返或两组单程测量。其高程闭合差应满足 $\pm 30\sqrt{l}$ mm(l 为单程水准路线长度,以公里计。该公式根据水准测量等级按照工程测量规范采用),符合精度要求时取平均值。水准点附合、闭合及检测限差亦应满足上述精度要求。测量时的视线长度,一般不大于150m,当跨越河谷时可增至200m。

要求必须两台仪器,两组人员同向测量或往返测量,两个水准基点的高差,必须满足相应技术等级的要求,否则返工重测,把正确(平差以后)的水准基点高程数据,交给中平测量组使用。

3. 中平测量

中平测量可使用 S3 级的水准仪采用单程进行。水准路线应起、闭于水准点,其限差为 $\pm 50\sqrt{l}$ mm(l 为水准路线测段长度,以公里计)。该公式根据公路等级按照《公路勘测规范》(JTG C10—2007)采用。中桩高程取位至厘米,其检测限差为 ± 10 cm。导线点检测限差为 ± 5 cm。

测量中线组钉设的每一个中桩高程,测量时注意如下事项:

(1)两组仪器、两组人员必须同时测量或往返测量,不要遗漏任何一个桩。

(2)同一中桩的高程,两组测量结果必须控制在允许误差之内,否则返工重测。

(3)中平测量必须闭合下一水准点的高程。

四、横断面

横断面作业的主要任务是:在实地逐桩测量每个中桩在路线的横向(法向方向)的地表起伏变化情况,并画出横断面的地面线。路线横断面测量主要是为路基横断面设计、土石方计算及今后的施工放样提供资料。

1. 横断面方向的确定

要进行横断面测量,首先必须确定横断面的方向。在直线路段,横断面的方向与路线垂直;在曲线路段,横断面的方向则与该点处曲线的切线相垂直,即法线方向。直线上的横断面方向,用方向架或经纬仪作垂线确定。曲线上的横断面方向,应根据计算的弦偏角,用弯道求心方向架或经纬仪来确定。其具体方法详见《公路工程施工测量技术》教材。

2. 测量方法

横断面测量以中线地面点即中桩位置为直角坐标原点,分别沿断面方向向两侧施测地面各地形变化特征点间的相对平距和高差,由此点绘出横断面的地面线。

横断面测量有如下几个常用方法:

(1)抬杆法

如图 2-12 所示,利用花杆直接测得平距和高差。此方法简便、易行,所以被经常采用。它适用于横向变化较大的地段,但由于测站较多,测量和累积误差较大。

(2)特殊断面的施测方法

在不良地质地段需作大断面图时,可用经纬仪作视距测量和三角高程测量施测断面。

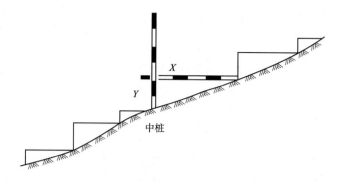

图 2-12 抬杆法

对于一些陡岩地段，如图 2-13 所示，可用交会法在已定 A、B 点，用经纬仪或带角手水准测出 α_A、α_B 和丈量 l，图解交会出 C 点。交会时交角不宜太小，距离 l 应有足够的长度。对于深沟路段可用钓鱼法施测，如图 2-14 所示。对于高等级公路，应采用经纬仪皮尺法、经纬仪视距法等方法施测。

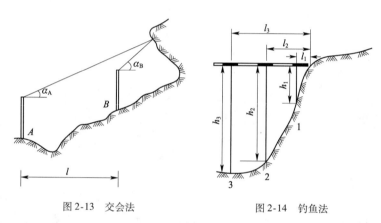

图 2-13 交会法　　　　　　图 2-14 钓鱼法

3. 横断面地面线的点绘

横断面地面线的点绘，一般采用现场一边测量一边点绘的方法。其优点是：外业不作记录，点绘出的断面图能及时核对，消除差错。点绘的方法是：以中桩点为中心，分左右两侧，按测得的各侧相邻地形特征点之间的平距与高差或倾角与斜距等逐一将各特征点点绘在横断面图上，各点连线即构成横断面地面线。当现场无绘图条件时，也可采用现场记录、室内整理绘图的方法。其记录的方式，见表 2-1。

横断面记录格式　　　　　　表 2-1

左　侧				桩　号	右　侧			
$\dfrac{+0.6}{1.6}$	$\dfrac{+0.4}{2.2}$	$\dfrac{0}{1.7}$	$\dfrac{-0.7}{2.0}$	K1+240	$\dfrac{+1.0}{1.5}$	$\dfrac{+0.3}{2.0}$	$\dfrac{+1.3}{2.0}$	$\dfrac{+1.6}{2.0}$
…				K1+260	…			

为计算横断面面积的需要，横断面图应点绘在透明方格纸上，点绘时应按桩号的大小先从图的下方到上方，再从左侧到右侧的原则安排断面位置。绘图的比例一般为 1∶200，对有特殊情况需要的断面可采用 1∶100；每个断面的地物情况应用文字在适当位置进行简要说明，如图 2-15 所示。

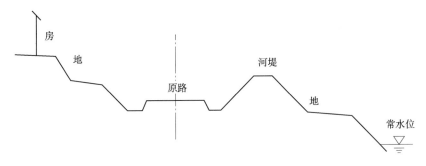

图 2-15 横断面地面线的简要说明

4. 测量精度及测图范围

横断面的检测应用高精度方法进行,其限差规定如下:

高速、一级公路:

$$高程:\pm\left(\frac{h}{100}+\frac{l}{200}+0.1\right)m$$

$$水平距离:\pm\left(\frac{l}{100}+0.1\right)m$$

二、三、四级公路:

$$高程:\pm\left(\frac{h}{50}+\frac{l}{100}+0.1\right)m$$

$$水平距离:\pm\left(\frac{l}{50}+0.1\right)m$$

式中:h——检测点与路线中桩的高差(m);

l——检测点到路线中桩的水平距离(m)。

横断面的测量范围,应根据地形、地质、地物及设计需要确定。一般中线左右宽度不小于 50m。在回头曲线上下线有干扰时,应连通施测。

五、调查组

调查组的工作,主要是根据测设任务的要求,通过对公路所经地区的自然条件和技术经济条件进行调查,为公路选线和内业设计收集原始资料。调查的主要内容有:工程地质情况调查、筑路材料情况调查、桥涵调查、概预算资料调查及杂项调查等。对于旧路改建,还应对原路路况进行调查。调查组可由 2~3 人组成综合调查组,也可分小组同时调查。

(一)任务

对公路所经地区的自然条件和技术经济条件进行调查,为公路选线和内业设计收集原始资料。

(二)分工及调查内容

调查的主要内容有:工程地质情况调查、筑路材料情况调查、小桥涵调查、概预算资料调查及杂项调查等。对于旧路改建,还应对原路路况进行调查。

1. 工程地质情况调查

工程地质资料是公路设计的重要资料,通过调查、观测和必要的勘探、试验,进一步掌握与评价路线通过地带的工程地质和水文地质情况,为正确选定路线位置,合理进行纵坡、路基、路面、小桥涵及其他构造物的设计提供充分准确的工程地质依据。

工程地质调查的主要内容有如下几个方面:

(1)路线方面

①在工程地质复杂和工程艰巨地段,会同选线人员研究路线布设及所采取的工程措施;

②调查沿线范围的地貌单元和地貌特征、地质构造、岩性、水文地质、植被、土壤种类、地面径流以及不良地质现象等情况,并分段进行工程地质评价;

③分段测绘代表性工程地质横断面,标明土、石分类界限,并划分土、石等级;

④调查气象、地震及施工、养护经验等资料;

⑤编写道路地质说明书。

(2)路基方面

①调查分析自然山坡或路基边坡的稳定状况,根据地质构造、岩性及风化破碎程度以及其他影响边坡稳定的因素,提出路堑边坡坡度或防护加固措施;

②沿溪线应查明河流的形态、水文条件,河岸的地貌、地质特征,河岸稳定情况、受冲刷程度等,进而提出防护类型、长度及基础埋置深度等意见;

③路基坡面及支挡构造物调查,提出结构类型、基础埋置深度等意见;

④路基土壤、地下水位和排水条件调查,提出路基土壤分类和水文地带类型。

(3)路面方面

①收集有关气象资料,研究地貌条件,划定各路段的道路气候分区,并提出土基回弹模量建议值,供路面设计时采用。

②调查当地常用路面结构类型和经验厚度。

(4)特殊不良地质

特殊不良地质地区,如黄土、盐渍土、沙漠、沼泽以及滑坡、崩塌、岩溶、泥石流等的综合性地质调查与观测,为制定防治措施提供资料。

2. 筑路材料料场情况调查

筑路材料的质量、数量及运距,直接影响工程的质量和造价。进行筑路材料调查的任务就是根据适用、经济和就地取材的原则,对沿线料场的分布情况进行广泛调查,以探明数量、质量及开采条件,为施工提供符合要求的料场。其主要有3个方面的内容:

(1)料场使用条件调查

主要对自采加工材料(如块石、片石、料石、砾石、碎石、砂、黏土)的质量和数量进行勘探,并经过取样试验后决定料场的开采价值。

(2)料场开采条件调查

主要对矿层的产状条件、水文地质条件、开采季节、工作面大小、废土堆置场地等方面进行调查。

(3)运输条件调查

包括运输支线距离、修筑的难易、料场与路线的相对高差、运输方式、材料的埋藏条件(包括剥土厚度)等方面进行调查。

3. 小桥涵调查

小桥涵调查的主要任务是:调查与搜集沿线小桥涵水文、地质、地形资料,配合路线总体布设,进行实地勘测,提供小桥涵及其他排水构造物的技术要求,研究决定小桥涵的位置、结构形式、孔径大小以及上下游的防护处理等。

(1) 小桥涵水文资料调查

水文资料调查的目的在于提供为确定设计流量和孔径所必需的资料。调查内容应采用水文计算的方法确定。方法有：形态调查法、径流形成法、直接类比法。当跨径在1.5m以下时，可不进行孔径计算，通过实地勘测用目估法直接确定孔径。

(2) 小桥涵位置的选定及测量

小桥涵的位置，原则上应服从路线走向，通常情况下是由选线组根据最佳路线位置确定下来的。但是，桥涵如何布置，则由桥涵人员根据实地地形、地质及水文条件综合考虑，然后进行桥址或涵址测量。

(3) 小桥涵结构类型的确定

小桥涵类型的选择，应结合路线的等级和性质，根据适用、经济和就地取材的原则，结合其他情况综合考虑，使所选定的形式具有施工快、造价低、便于行车和利于养护的优点。

(4) 小桥涵地质调查

小桥涵地质调查的目的在于摸清桥涵基底工程地质及水文地质情况，为正确选定桥涵及附属构造物的基础埋深及有关尺寸、类型等提供资料。调查的内容包括：基底土壤地质类型及特征、有无地质不良情况、土壤冰结深度及水文地质对基础和施工的影响等。

4. 概预算资料调查

设计概算、施工预算是公路设计文件的重要组成部分，进行概、预算资料调查的目的就是要为编制设计施工概算和预算打好基础并提供资料。调查应按《公路工程基本建设项目概算预算编制办法》(JTG B06—2007)的有关规定进行。调查的主要内容有如下诸方面：

(1) 施工组织形式调查

主要调查施工单位的组织形式，机械化程度和生产能力以及施工企业的等级等。当施工单位不明确时，应由建设单位提供上述可能的情况及编制原则。

(2) 工资标准

包括工人基本工资标准和工资性津贴(附加工资、粮价补贴、副食补贴)、其他地区性津贴及工人工资计算办法等的调查。

(3) 调拨或外购材料及交通运输调查

其调查包括材料的出厂价格、可能发生的包装费和手续费、可能供应数量、运输方式、运距、中转情况、运输能力、运杂费(包括运费、装卸费、囤存、过渡、过磅等)、水、电价格等内容。

(4) 征用土地和拆迁补偿费

按国务院颁布的《国家建设征用土地条例》和当地政府有关补偿费用标准和办法征用土地，并进行拆迁补偿。

(5) 其他

①施工机构迁移和主副食运费补贴调查；

②气温、雨量、施工季节调查；

③其他可能费用资料调查。

5. 杂项调查

杂项调查主要是指占地、拆迁及有关项目的情况和数量调查，为编制设计文件的杂项表格提供资料。其主要内容有：

(1) 占用土地的测绘和调查；

(2)拆迁建筑物、构造物(包括水井、坟墓等)调查;
(3)拆迁管道、电力、电信设施调查;
(4)排水、防护、改河以及临时工程(便道、便桥等)的调查。

六、地形组

地形组的工作内容和方法:公路设计需测绘地形图,它分为路线地形图和专项工程地形图两种。路线地形图是直接以路线中线或导线为控制,测沿路线两侧一定范围内的带状等高线地形图;专项工程地形图是指供桥梁、隧道、渡口、改河工程、需防治的地质不良地段、大型工程、交叉口等工程设计用的等高线地形图。

地形与地物点均通过碎步测量来确定,即从选定的测站对测点进行方向、距离与高差的测量,以确定测点与测站的空间相对位置。碎步测量可采用传统测量方法,如小平板测量、大平板测量、经纬仪与小平板联合测绘法或者采用GPS和全站仪数字测图方法,详见《工程测量学》及《工程测量规范》(GB 50026—2007)。

要求:通过地形测量,要求同学掌握路线中线的展绘,测点的选择,地形、地物点的测量方法,等高线的勾绘等。

每测绘一站,必须及时绘出等高线及地物,经检查无遗漏测点后迁站。司镜、绘图、跑尺要密切配合,并建立互应机制。掌握专项工程地形图和路线地形图的绘制及精度和宽度的要求。

七、内业组

内业组在整个外业工作中起着核心组织的作用,是沟通各个作业组工作联系的桥梁。它担负着各作业组的资料检查和汇总、外业工作的协调与平衡、有关测设图表的绘制、路线方案的设计以及测绘仪器和技术资料的整理与保管等工作。通过参加内业设计工作,学生应掌握路线外业各组资料的检查与复核方法,路线平、纵、横断面的设计方法,以及内业设计有关图表的绘制。检查设计是否正确,如果不妥,应予修正。

内业整理的内容与方法:负责路线外业各组记录资料的检查、整理、复核与保管工作;综合利用外业各组的资料进行内业设计工作,其主要应完成:路线纵断面设计、横断面设计、土石方数量计算及调配以及有关图表的绘制。内业设计方法和具体工作内容分述如下:

(1)内业组应主动向选线人员了解方案情况,掌握各路段的定线意图和布设情况以及对测设工作的意见和要求,摸清底细据以检查实测结果与原意图有无出入,并便于更好地指导内业设计。

(2)内业组应对各外业作业组的勘测质量进行检查,逐日复核各作业组当天交回的野外记录和原始资料;检查容许误差,发现有错误、漏测和不完善的情况,应及时通知有关外业组迅速纠正或补测。上述外业测量资料,经内业复核无误后,均应加以整理,按设计文件规定图表格式和内容填写齐全,存查备用。

(3)外业期间的作业计划,一般是委托内业组负责各作业组分工协同开展工作,并根据各组实际出勤与工作进展情况,按期填报计划统计报表,掌握测设进度与作业完成情况。当作业中出现矛盾时,应及时与测设负责人磋商,协助做好各组协调工作,保证外业工作的正常开展。

（4）纵断面图的点绘与纵坡设计，要求内业组在外业期间基本完成；然后再到现场进行核实，检查原定路线是否恰当，纵坡是松还是紧，平、纵、横配合如何，拉坡有无问题。如有问题应尽早纠正，避免贻误全局。所以在纵断面的点绘时，要求随测随绘，一般应在中平资料提出后，最迟不超过次日点绘成图。

（5）纵断面设计问题，实际上选线人员在现场已结合平面、横断线形作过较详细的考虑，通常都是由选线人员拉坡设计，或将设计意图告知内业组，由内业组代定。为搞好纵断面设计，内业组应主动向桥涵、地质组分别了解沿线桥涵布设、水文与工程地质情况，征询他们对纵坡设计的建议和要求，如桥涵高程控制要求，各段路基高程与填挖值建议等，为纵断面设计收集必要的资料以供设计参考。当设计结果与预期要求有矛盾时，应及时同有关组协商，共同研究解决办法。

（6）外业期间的内业设计工作，除重点解决线形设计外，一般应完成以下内业设计：

①路线平面底图。

②路线纵断面设计底图。

③特殊与一般路基横断面设计底图。

④路基横断面图。

⑤路基设计表及土石方数量计算。

⑥桥涵方案布设简图。

⑦挡土墙及其他人工构造物简图。

⑧重要交叉路口设计方案简图。

⑨路面分段及结构类型。

⑩外业结束转移前，应进行外业复核，主要内容包括：核对外业测量与实地情况是否相符，收集的资料是否齐全、有无漏错，检查路线、桥涵以及其他设计方案是否切实可行，如有问题可就地进行修正或补充调查，与此同时并进行拆迁占地等调查。

⑪内业组应做好仪器工具、测绘用品、外业记录簿、设计文件图表、技术资料、标准图、图书及计划报表等领借、保管及管理工作。

第三章 内业设计内容与方法

内业设计主要是根据外业勘测的资料进行道路平面、纵断面和横断面设计。本次内业设计要求先用手工做一遍,然后用辅助设计软件进行设计,并打印图表文件。

一、平面设计

公路的平面设计在外业勘测的过程中已经完成,对于内业设计主要是将外业勘测中确定的道路平面的位置和尺寸,绘制路线平面图。

1. 平面图的绘制

公路路线平面图,其比例一般采用1:2000。平面图上应标识如下内容:

(1)路线在平面上的位置与走向,路线起点、终点里程桩号及百米桩与公里桩的位置(当地形图比例尺较小,路宽无法按比例绘出时,可绘以粗实线来表示路线)。

(2)标绘路线弯道,并在转角旁标明转角编号,另于图上空白处列表说明转角序号、偏角大小、平曲线半径、切线长、曲线长、外距以及曲线起、终点里程桩号等。如果能在表上同时注明超高、加宽和缓和曲线长度,则更方便。

(3)标出沿线水准点的位置、编号和高程。

(4)标明公路排水、桥涵及其他人工构造物的位置、桩号、结构类型和主要尺寸。

(5)与公路、铁路交叉的名称、桩号与处理方式。

(6)在平面图上标明正北方向、比例尺和单位名称。

2. 平面设计成果

平面设计要完成的表格主要有直线、曲线及转角表、路线固定表、总里程及断链桩号表。其具体表格见附录。

二、纵断面设计

纵断面设计是对平面设计确定的路线所经地面的纵断面上在高程上定出设计线。其主要内容是正确地采用纵坡坡度,合理拟定纵坡线的位置与坡长,在设计线的变坡点处设置竖曲线及绘制纵断面图等。

1. 纵坡的设计

纵坡设计的一般原则及应注意的问题:

(1)应符合规范中对最大纵坡、最小纵坡、坡长限制、纵坡最小长度、缓和坡段、合成纵坡、平均纵坡及纵坡折减等规定。

(2)纵坡应具有一定的平顺性,起伏不宜过大及过于频繁,尽量避免采用极限纵坡值。在连续采用极限长度的陡坡之间,不宜采用最短的缓和坡段。

(3)尽量避免不必要的大填大挖,力求填挖平衡,从而降低工程造价(要全线或分段作通盘考虑,填挖平衡在纵向需考虑远距料场及弃土堆)。

(4)对沿溪线和桥头线,拉坡时应将坡线高出设计洪水位至少0.5m;对小桥、涵洞的边缘高度,应比上游设计壅水位高出至少0.5m。

(5)在路堑地段应有0.5%的最小纵坡。有困难时,亦不小于0.3%,以便于排水。

(6)坡线与桥涵高程的连接要协调和平顺,以免对行车产生颠簸与冲击;坡线要满足主要控制点的高程。

(7)通过稻田或低湿地带的路段,必须保持最小填土高度,以保证路基稳定。

(8)长期冰冻地区,须避免采用大坡,以防止行车路滑。

(9)应照顾当地民间运输工具、农业机械、农田水利等方面的特殊要求。

(10)竖曲线与平曲线重合应注意保持均衡,应尽量避免在竖曲线的顶部或底部插入平面急弯或设反向曲线接头。

(11)注意交叉口处的纵坡接线,公路与公路平面交叉,一般宜设在水平坡段;其最小长度应不小于规范规定,紧接水平坡段纵坡应不大于3%,山区工程艰巨地段应不大于5%。

(12)拉坡时应受"控制点"或"经济点"制约,导致纵坡设计起伏过大,纵坡不够理想,或者土方工程量太大,经调整后仍难解决时,则可用纸上移线的方法改善纵断面线形。

纵坡设计的步骤和方法:

(1)准备工作。纵坡设计(俗称拉坡)之前应在方格坐标纸上,按比例标注里程桩号和高程,点绘地面线,填写有关内容。同时应收集和熟悉有关资料,并领会设计意图和要求。

(2)标注控制点。控制点是指影响纵坡设计的高程控制点。如路线起、终点,越岭垭口,重要桥涵,地质不良地段的最小填土高度,最大挖深,沿溪线的洪水位,隧道进出口,平面交叉和立体交叉点,铁路道口,城镇规划控制用地范围与高程以及受其他因素限制路线必须通过的高程控制点等。山区道路还有根据路基填挖平衡关系控制路中心填挖值的高程点,成为"经济点"。平原区道路一般无经济点问题。

(3)试坡。在已标出"控制点""经济点"的纵断面图上,根据技术指标、选线意图,结合地面起伏变化,本着以"控制点"为依据,照顾多数"经济点"的原则,在这些点位之间进行穿插与取直,试定出若干直坡线段。对各种可能的坡度线方案反复比较,最后定出既符合技术标准,又满足控制点要求,且土石方较省的设计线作为初定坡度线,将前后坡度线延长交会出变坡点的初步位置。

(4)调整。将所定坡度与选线时坡度的安排比较,二者应基本符合;若有较大差异时,应全面分析,权衡利弊,决定取舍。然后对照技术标准检查设计的纵坡是否合理,若有问题应进行调整。调整方法是对初定坡度线平抬、平降、延伸、缩短或改变坡度值等。

(5)核对。选择有控制意义的重点横断面,如高填深挖、地面横坡较陡路基、挡土墙、重要桥涵以及其他重要控制点等,在纵断面图上直接读出对应桩号的填、挖高度,用"模板"在横断面图上"戴帽子",检查是否填挖过大、坡脚落空或过远、挡土墙工程过大、桥梁过高或过低、涵洞过长等情况,若有问题,应及时调整纵坡,在横坡陡峻地段核对更为重要。

(6)定坡。经调整核对无误后,逐段把直线的坡度值、变坡点桩号和高程确定下来。坡度值可用三角板推平行线法确定,要求取值到0.1%。变坡点一般要调整到10m的整桩号上,相邻变坡点桩号之差为坡长。变坡点高程由纵坡度和坡长依次推算而得。

(7)设置竖曲线。根据技术标准、平纵组合均衡等要求确定竖曲线半径,计算竖曲线要素。

2. 纵断面图的绘制

路线纵断面图是公路设计重要技术文件之一，它反映路线所经地区中线地面与设计高程之间的关系，把路线的纵断面线形的平面线形结合起来，就能反映出公路路线的空间位置。

纵断面图采用直角坐标，以横坐标表示距离，纵坐标表示高程。为了明显地表明地形起伏，通常横坐标的比例尺采用1:2000，纵坐标的比例尺采用1:200。纵断面图上各栏格式自下而上分别为直线、平面曲线、桩号、地面高程、设计高程、填高、挖深、坡度、距离和土壤地质等。

根据"直线、曲线及转角表"，在直线及平曲线栏内给绘出平曲线位置及转向（左偏开口向上，右偏开口向下），并注明平曲线资料，一般只注转角号、偏角值和平曲线半径。

按水准记录（实地定线）将沿线桩号及对应的高程在图上点出地面点，连接各地面点即为地面线。纵断面设计线通常是指路基边缘各点设计高程的连接而言，它是由直线和竖曲线组成的。设计线的斜率称为设计纵坡度，以百分数表示。在设计线的变坡点处均设置竖曲线予以平顺连接。

纵断面上任一点的设计高程与地面高程之差称为施工高度。施工高度的正负即决定了路堤的填高或路堑的挖深。当设计线在地面线以下时为路堑（挖方），设计线在地面线以上时为路堤（填方）。纵断面设计的最后成果以纵断面图表示，一般在纵断面上应表示出以下内容：

（1）地面高程与地面线，设计高程与设计线，以及施工高度（填高与挖深值）；
（2）设计线的纵坡度与坡长；
（3）竖曲线及其要素，平曲线及其要素；
（4）设计排水边沟沟底线及其坡长、距离、高程、流水方向；
（5）沿线桥涵及人工构造的位置、类型、孔径和主要尺寸；
（6）与公路、铁路交叉的桩号及路名；
（7）沿线跨越的河流名称、桩号、现有水位及最高洪水位；
（8）水准点位置、编号和高程；
（9）沿线土壤地质分布情况以及地下水位线，必要时绘出土质柱状图或地质剖面图。

3. 路线纵坡及竖曲线设计总表

纵断面设计后列出路线纵坡及竖曲线总表。表格形式见附录。

三、横断面设计

路线横断面设计的主要任务是确定各段路基的断面形式和尺寸，为路基土石方计算及路基施工提供资料。

在选线时，在现场就应对各段的路基处理问题作了考虑，在纵断面设计时又根据定线意图及地形条件逐段对路基的合理填挖，特别是对个别工程艰巨的路段作了分析研究，拟定了断面方案。因此，横断面设计是在总结上述工作的基础上，进一步具体化，并绘制出有关横断面设计图纸，以指导施工。

横断面设计必须从实际出发，本着节约用地的原则，根据使用要求，结合路线平、纵线形，地面自然横坡以及地质、水文、气候等条件，选用合理的断面形式，以达到适应于行车需要、工程经济、路基稳定、便于施工养护等要求。

1. 横断面设计主要内容

(1)根据各桩横断面地面线图,按已定纵断面设计的施工高度,用戴帽子的方法来判断与归纳可能出现的横断面形式和处理方式。

(2)路基断面形式,对于一般路基,可参照路基标准横断面图进行设计;对于特殊地段路基,如路线通过不良地质地区或经过深谷悬崖的高填深挖处,其路基须特殊处理的,应按具体情况单独进行设计。

(3)路基边坡设计是横断面设计的关键内容之一,路基设计边坡的陡缓,不仅直接影响土石方工程量大小,而且还关系到路基的稳定,因此必须审慎对待。路基边坡坡度应根据当地的土壤类别、岩石构造和风化程度、水文条件、填方材料、施工方法及边坡高度等因素分段确定。另外,为防止路基边坡风蚀或被水冲刷,必要时应进行坡面防护。路堤及路堑边坡坡度参照《公路工程技术标准》(JTG B01—2014)。

(4)为保证路基稳定,设计时应根据公路沿线地面水和地下水等具体情况,设置必要的排水设备,以形成良好的排水系统。具体做到如下几点:

①路面及路肩应设置一定的横坡。

②低填方路段均须设置边沟;边沟的断面形状在土质路段常采用梯形或三角形,在岩石路段多做成矩形;边沟深度及底宽一般不小于0.4m,沟底纵坡不小于0.5%,特殊困难路段不得小于0.3%。

③当沟底纵坡较大时,为防止冲刷应采用加固措施,边沟较长时应选择适当地点设置出水口,两出水口的间距不宜大于500m。

(5)在沿陡山坡修筑路基时,必要时可根据技术经济比较,设置挡土墙或其他支挡建筑物。

(6)在陡于1:5的山坡上修筑路堤时,应先将原地面挖成台阶式以避免路堤沿原地面滑动,以保证路基的稳定。

(7)横断面设计应考虑超高、加宽及缓和段上逐渐变化的断面,尚须考虑为保证视距而将边坡切除的横断面。

(8)横断面设计除路基本身外,尚应包括对路堤坡脚以外的护坡道取土坑、排水沟以及路堑坡顶外侧截水沟等进行安排与布置。

2. 绘制路基标准横断面图

路基标准横断面图应示出路线中心线、行车道、拦水缘石、土路肩、路拱横坡、边坡、护坡道、边沟、碎落台、截水沟、用地界碑等各部分组成及其尺寸,以及路面宽度及概略厚度等,比例尺采用1:200。

3. 绘制路基横断面图

(1)根据外业勘测的资料绘制横断面地面线图,比例尺一般采用1:200。其宽度视路基宽度及地面横坡坡度确定,应大于路基设计线所需要的宽度,对于路基宽8.5m所需的地面横断面宽度在路中线两边各15~20m。

(2)从"路基设计表"中抄入路基中心填挖高度数据。

(3)参照"路基标准横断面图""路基一般设计图",画出路幅宽度、填或挖的边坡坡线,在需要设置各种支挡工程和防护工程的地方画出该工程结构的断面示意图。

(4)根据综合排水设计,画出路基边沟、截水沟、排灌渠等的位置和断面形式,必要时须注明各部分尺寸。此外,对于取土坑、弃土堆、绿化等也应尽可能画出。经检查无误后,进行修饰和描绘(图3-1)。

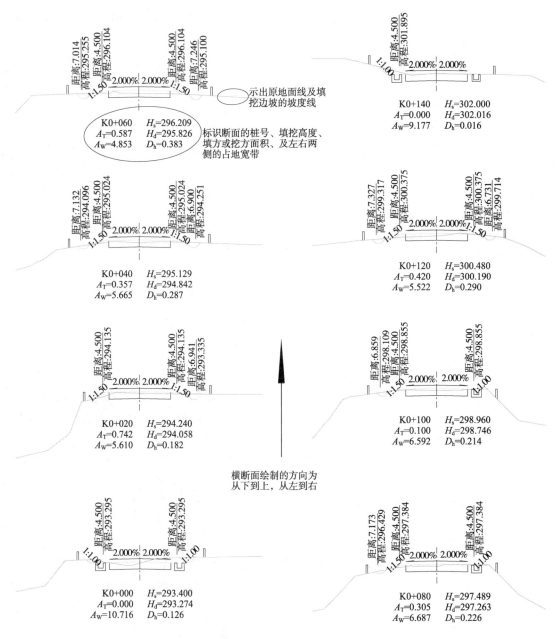

图 3-1 路基横断面图示例

4. 路基设计表

如表 3-1 所示,路基设计表是公路设计文件中施工图的组成内容之一,也是路线平、纵、横三个面上设计结果资料的综合。表中填列所有整桩、加桩的有关纵断面图内容的资料及填挖高度、路基宽度(包括加宽)、超高等,为绘制路基横断面图、计算土石方数量的基本数据,也是施工依据之一。

下面是路基设计表的填法:

(1)第 1 栏"平曲线要素"中,列出转角号、左右偏角和半径,有缓和曲线的标出其位置及长度,供计算超高、加宽之用。

路基设计表示例

表3-1

桩号	平曲线左	平曲线右	坡度及竖曲线 回	坡度及竖曲线 凸	地面高程(m)	设计高程 P_H (m)	填挖高度(m) 填	填挖高度(m) 挖	路基宽度(m) 左 W_2	路基宽度(m) 左 加宽值	路基宽度(m) 左 W_1	路基宽度(m) 右 W_1	路基宽度(m) 右 加宽值	路基宽度(m) 右 W_2	各点与设计高(P_H)之高差(m) 左 A_2	各点与设计高 左 加宽点 A_1	各点与设计高 中线 A_B	各点与设计高 右 B_1	各点与设计高 右 加宽点 B_2	边沟及排水沟 左 坡度	边沟及排水沟 左 底宽	边沟及排水沟 左 沟底高程	边沟及排水沟 右 坡度	边沟及排水沟 右 底宽	边沟及排水沟 右 沟底高程	备注
1	2	3	4	5	6	7	8	9	10	11	12	13	14	15	16	17	18	19	20	21	22	23	24	25	26	27	28	29
K0+000.000	R=∞ L=231.992		200.264 1.1225%		50.000	50.000		0.000	0.50		2.75	2.75		0.50	-0.051	-0.041	0.000	-0.041	-0.051		0.300	49.649		0.300	49.649	螺旋筋等轴在行进左边线
+020.000					50.225	50.225		0.000	0.50		2.75	2.75		0.50	-0.051	-0.041	0.000	-0.041	-0.051		0.300	49.873		0.300	49.873	
+040.000					50.450	50.449		0.001	0.50		2.75	2.75		0.50	-0.051	-0.041	0.000	-0.041	-0.051		0.300	50.098		0.300	50.098	
+060.000					50.674	50.674		0.000	0.50		2.75	2.75		0.50	-0.051	-0.041	0.000	-0.041	-0.051		0.300	50.322		0.300	50.322	
+080.000					50.899	50.898		0.001	0.50		2.75	2.75		0.50	-0.051	-0.041	0.000	-0.041	-0.051		0.300	50.547		0.300	50.547	
+100.000					51.124	51.123		0.001	0.50		2.75	2.75		0.50	-0.051	-0.041	0.000	-0.041	-0.051		0.300	50.771		0.300	50.771	
+120.000					51.349	51.347		0.002	0.50		2.75	2.75		0.50	-0.051	-0.041	0.000	-0.041	-0.051		0.300	50.996		0.300	50.996	
+140.000					51.573	51.572		0.001	0.50		2.75	2.75		0.50	-0.051	-0.041	0.000	-0.041	-0.051		0.300	51.220		0.300	51.220	
+160.000					51.798	51.796		0.002	0.50		2.75	2.75		0.50	-0.051	-0.041	0.000	-0.041	-0.051		0.300	51.445		0.300	51.445	
+180.000					52.023	52.021		0.002	0.50		2.75	2.75		0.50	-0.051	-0.041	0.000	-0.041	-0.051		0.300	51.669		0.300	51.669	
+200.000					52.248	52.246		0.002	0.50		2.75	2.75		0.50	-0.051	-0.041	0.000	-0.041	-0.051		0.300	51.895		0.300	51.895	
+220.000	R=∞ L=485.256			649.736 2.0037%	52.473	52.643	0.170		0.50	0.73	2.75	2.75		0.50	-0.081	-0.064	0.045	0.130	0.120		0.300	52.173		0.300	52.173	
+240.000					52.697	53.044	0.347		0.50	1.40	2.75	2.75		0.50	-0.155	-0.125	0.124	0.289	0.279		0.300	52.397		0.300	52.397	
+260.000					53.012	53.445	0.433		0.50	0.49	2.75	2.75		0.50	-0.064	-0.052	0.017	0.075	0.065		0.300	52.712		0.300	52.712	
+280.000					53.350	53.846	0.496		0.50		2.75	2.75		0.50	-0.051	-0.041	0.000	-0.041	-0.051		0.300	53.050		0.300	53.050	
+300.000					53.688	54.246	0.558		0.50		2.75	2.75		0.50	-0.051	-0.041	0.000	-0.041	-0.051		0.300	53.388		0.300	53.388	
+320.000					54.027	54.647	0.620		0.50		2.75	2.75		0.50	-0.051	-0.041	0.000	-0.041	-0.051		0.300	53.727		0.300	53.727	
+340.000					54.365	55.048	0.683		0.50		2.75	2.75		0.50	-0.051	-0.041	0.000	-0.041	-0.051		0.300	54.065		0.300	54.065	
+360.000					54.704	55.449	0.745		0.50		2.75	2.75		0.50	-0.051	-0.041	0.000	-0.041	-0.051		0.300	54.404		0.300	54.404	
+380.000					55.042	55.849	0.807		0.50		2.75	2.75		0.50	-0.051	-0.041	0.000	-0.041	-0.051		0.300	54.742		0.300	54.742	
+400.000					55.380	56.250	0.870		0.50		2.75	2.75		0.50	-0.051	-0.041	0.000	-0.041	-0.051		0.300	55.080		0.300	55.080	
+420.000					55.719	56.651	0.932		0.50		2.75	2.75		0.50	-0.051	-0.041	0.000	-0.041	-0.051		0.300	55.419		0.300	55.419	
+440.000					56.057	57.052	0.995		0.50		2.75	2.75		0.50	-0.051	-0.041	0.000	-0.041	-0.051		0.300	55.757		0.300	55.757	
+460.000					56.396	57.452	1.056		0.50		2.75	2.75		0.50	-0.051	-0.041	0.000	-0.041	-0.051		0.300	56.096		0.300	56.096	
+480.000					56.734	57.853	1.119		0.50		2.75	2.75		0.50	-0.051	-0.041	0.000	-0.041	-0.051		0.300	56.434		0.300	56.434	
+500.000					57.072	58.254	1.182		0.50		2.75	2.75		0.50	-0.051	-0.041	0.000	-0.041	-0.051		0.300	56.772		0.300	56.772	
+520.000					57.432	58.655	1.223		0.50		2.75	2.75		0.50	-0.051	-0.041	0.000	-0.041	-0.051		0.300	57.132		0.300	57.132	
+540.000					57.974	59.055	1.081		0.50		2.75	2.75		0.50	-0.051	-0.041	0.000	-0.041	-0.051		0.300	57.674		0.300	57.674	
+560.000					58.516	59.456	0.940		0.50		2.75	2.75		0.50	-0.051	-0.041	0.000	-0.041	-0.051		0.300	58.216		0.300	58.216	

编制: 复核:

(2)第 2 栏"坡长、坡度以及竖曲线变坡点的桩号和高程"和第 3、4 栏"竖曲线要素"填注纵断面与起终点桩号和高程、转坡点桩号和高程。

(3)第 5 栏"桩号"和第 6 栏"地面高程"从路线平面图中读取(若是在现场测量,则可从有关测量记录簿上抄取)。

(4)第 7 栏"设计高程"从纵断面设计图上读取。

(5)第 8、9 栏"填挖高度"由计算设计高程与地面高程之间的差值求得。"填挖高度 = 设计高程 − 地面高度",其值为正时为填方,为负时为挖方。

(6)第 10~15 栏"横断面上各点与设计线的距离"分别表示路中线左、右两侧各特征点(道路中心、路面边缘、路基边缘)与设计线之间的平面距离(包括设置路面加宽后的平面距离)。路基加宽的设置与计算方法,同如平面设计中加宽的计算方法。

(7)第 16~21 栏"横断面上各点与设计线的高差"分别表示路中线左、右两侧各特征点(道路中心、路面边缘、路基边缘)与设计线之间的高差(包括设置路面超高后的高差)。路基超高的设置与计算方法,同如平面设计中超高的计算方法。

(8)第 22 栏"备注"表示其他注意事项,如桥涵设置位置等。

5. 土石方工程数量计算

路基土石方是修建公路的一项主要工程,在公路修建费用中占相当大的比例。由于路基的自然地面起伏多变,路基填挖方体积不是简单的几何形体,若精确计算其体积往往很复杂,测量工作将很繁重,而结果实用意义不大,因此常采用近似计算方法,即路基两桩号的横断面之间的填方或挖方棱柱体的体积由平均断面面积与棱柱体的高的乘积求得,即:

$$V = (A_1 + A_2) \times L/2$$

式中:V——两相邻横断面间的体积(m^3);

A_1、A_2——两相邻横断面面积(m^2);

L——两相邻横断面间的中线长度(m)。

其中横断面面积的计算方法很多,常用的有以下几种:

(1)积距法:即梯形法。将填(挖)面积分成宽为 b 的各梯形,填挖交界处为三角形,梯形(三角形)的中心高度分别为 h_1、h_2、h_3、$\cdots$、h_n,然后用下式计算路基填(挖)方横断面面积:

$$A = bh_1 + bh_2 + bh_3 + \cdots + bh_n = b(h_1 + h_2 + h_3 + \cdots + h_n)$$

式中:A——横断面填(挖)方面积(m^2);

h_n——梯形(三角形)中心高度(m);

b——梯形(三角形)宽度(m)。

b 可取 1m 或 2m,量取 h 可以用各种方法。常用分规逐个累加量出,然后在尺子或米厘格子纸上量分规两脚尖的开度即为 h 的总和值,或用米厘纸剪成长条样,累加量取 h 总和。

(2)图形法:在面积较大用积距法不便时,可将横断面积分成若干个规则的几何图形,如正方形、矩形、三角形等分别计算其面积然后总加起来。

本次内业设计采用平均断面法计算路基土石方工程数量,即将前后两个相邻横断面填、挖土方与石方面积分别对应相加取平均值,乘以两横断面之间的距离,得出该路段的土石方工程数量,最后累加计算出土石方工程总量。路段中若有大、中桥桥头引道土石方,一般应视实际情况全部或部分列入桥梁工程项目中即应扣除此部分数量,小桥亦应扣除桥位部分的土石方,涵洞一般不扣除其所占的土石方体积。

6. 土石方调配

土石方调配就是挖方地段的土石方运至填方地段填筑路堤,尽量减少弃方和借方。土石方调配时应考虑如下因素:

(1)经济运距:一般情况下调运路堑挖方来填筑距离较近的路填是比较经济的;若调运的距离过长,运费超过了在填方附近借方的费用,移挖作填就不如借方经济。当运输费用达到与借方费用相等这一限度时的距离称为经济运距,即:

$$S = S_g + S_p$$

式中:S_p——免费运距(km);

S_g——经济增运距离(km);

$$S_g = B/T$$

其中:B——借方单价(元/m³);

T——远运运费单价[元/(m³·km)]。

调配时根据不同的施工方法、运输工具、运输条件选用合理的经济运距。

(2)在横坡较陡的挖方路段,施工过程中有部分土石抛撒掉,一般不应将全部挖方数量作为调用数量。在利用路基所挖石方作为筑路材料时,应考虑堆放位置。

(3)废方应妥善处理。废弃的土石应不占或少占耕地,在可能条件下,应将弃方平整为可耕地。废方不堵塞河流或引起河流改道冲刷农田。

(4)调配时结合桥梁和涵洞位置一起考虑,为了施工方便,一般大沟位置不作跨沟调运,还应考虑上坡运输困难的因素。

土石方调配的方法如下:

路基土石方数量计算表的调配较简便,即按填、挖方分段,以下以本路段 K2+000~K2+465.23 一段的土石方调配说明其方法如下:

①在土石方数量计算,基核完毕后,即可进行调配,但须先将有关桥涵位置,纵坡与深沟等注在备注栏,供调配时参考。

②计算本桩利用,填缺与挖余,一般以石作填土时填入土栏中,应用符号区别之,如桩号 K2+0.78~K2+0.40 间,需要填方 78m³,但本桩仅挖土 45m³,其余 33m³ 以石代土,用括号区分,总计数仍为 78m³。然后按土石分别进行闭合核算,核算式为:

$$填方 = 本桩利用 + 填缺$$
$$挖方 = 本桩利用 + 挖余$$

③根据填缺与挖余的分布情况,可以大致看出调运的方向及数量,调配前先确定一个最远调运距离,这个距离可根据前述不同的施工方法和各种运输方式的经济运距来确定。调配时的计价运距就是调运挖方重心的距离减去免费运距后的运距,调方重心可根据土石方分布情况估定。调运后,填方如有不足部分可采用借方,未调用的挖余方按废方处理。

④在计算符合要求后,将调运方用箭头标在调配栏中,同时将数量分别填入"远运利用""借方"或"废方"栏里。

⑤调配完成后,应分页进行闭合核算,核算式如下:

$$远运利用 + 借方 = 填缺$$
$$远运利用 + 废方 = 挖余$$

⑥每公里合计,总的闭合核算式除上述核算式外,还需按下式进行核算:

$$挖方 + 借方 = 填方 + 废方$$

⑦调配一般在本公里范围内进行,必要时亦可跨公里调配,但须将数量及方向分别注明,以免混淆。例如:调至上公里的土方1479及石方1500不计本公里远运利用数量内。

⑧按页及公里分别核算无误后,即可计算运量,并合计公里运量。运量的计算式为:

$$运量(m^3 \cdot km) = 远运数量 \times 运距$$

7. 路基土石方数量表

路基土石方数量计算与调配的结果应汇总填入"路基土石方数量表"。

第四章　考核方法及成绩评定

本次实习要求每个学生都参加道路勘测设计的每一个环节的工作,完整地进行一条道路的勘测与设计,提交道路平面、纵断面、横断面设计图,以及相应的基础测量数据和文字报告,并完成一份道路勘测实习的总结报告。

一、外业勘测应掌握的内容

根据前面的研究,每位同学在教师指导下应掌握的外业勘测的主要工作内容有如下几个方面:

(1)检验、校正测量仪器;
(2)导线测量;
(3)拟定平曲线半径和缓和曲线长度,计算平曲线,敷设中桩;
(4)布设沿线水准点,测量水准点高程和逐桩地面高程;
(5)测量逐桩横断面地面线;
(6)调查沿线土壤地质、水文、小桥涵、征地拆迁等情况。

二、内业设计应掌握的内容

根据野外实习搜集的资料,内业设计的主要工作内容是进行道路的平面、纵断面、横断面及总体设计,完成以下内容:

(1)编制"直线、曲线及转角表"、"路线平面图";
(2)进行纵断面设计,编制"路线纵断面图"、"纵坡及竖曲线表";
(3)进行横断面设计,平曲线加宽、超高设计,绘制"路基典型横断面图"、编制"路基设计表";
(4)绘制"路线横断面图",计算土石方数量,编制"路基土石方数量计算表";
(5)根据工程具体情况,完成路基防护、排水设计或一座小桥涵设计。

三、实习期间的纪律要求

(1)带队指导教师负责为学生讲解实习及课程设计的目的、方式、内容、要求等,强调实习纪律与安全。
(2)学生必须服从带队教师的领导,严格遵守日程安排,按时参加各项实习和设计活动。
(3)严格遵守实习场地的规章制度和实习纪律,服从实习现场指导。
(4)严格遵守作息时间,不得旷工、迟到或早退。必须严格执行请假制度,原则上不准请事假,如有特殊情况应征得指导教师的同意,病假应有医院证明。
(5)严格遵守安全操作规程,注意人身及仪器设备的安全。
(6)爱护公物,讲究卫生。

(7)严禁酗酒、打架斗殴。

(8)搞好实训基地所在地的群众关系,自觉维护学院声誉,培养良好的自我修养和敬业精神。

四、勘测实习的成果要求

学生应每天记好实习日记,及时记录、整理当天的实习内容、体会,查阅相关资料,勤于思考,有目的地提高自己分析问题、解决问题的能力。实习结束后归纳、总结,撰写不少于5000字的实习报告。提交完整的外业测量记录和数据处理结果,提交设计说明书及相关设计图表。

实习报告和设计说明书可手写或打印,采用A4幅面或学校统一印制的计算纸,要求字迹清晰、版面整洁、格式规范。设计图表统一采用A3幅面,可手工或计算机绘制。

五、资料装订顺序

(1)封面

(2)目录

(3)设计说明书

(4)直线、曲线及转角表

(5)路线平面图

(6)路线纵断面图

(7)路线横断面图

(8)路基设计表

(9)逐桩坐标表

(10)直线、曲线及转角一览表

(11)路基土石方数量计算表(含调配)

(12)路基平均每公里土石方数量表

(13)封底

六、如何写好实习日记

日记一定要有实际内容,应根据每天的实习内容,用图和文字记述实习收获、体会、工程特点、设计与施工方法、工艺操作要点、新技术的调查等。日记中不仅要写这一天干什么,而且要写明怎样干和为什么要这样干,发生了什么问题,如何处理的,处理的依据是什么,效果如何。总之,要追根究底,不要浮在表面。即使是下雨天,也不要间断,要通过学习、查资料,畅谈自己的收获。日记要有实际内容,有分析、有例证,不要照抄工地的一些规章制度等而不加任何评论和分析,每篇日记不少于300字(不包括图)。

七、如何写好实习报告

实习报告主要系统地归纳实习日记中的收获、体会,报告用图、文字表达,约3000字,力求简明、工整,具有系统性。报告应在简单介绍实习概况、工程概况、工程进展情况的基础上重点谈自己在工地干了些什么,有什么收获和体会,自己所在工作组中出现了哪些问题,是如何处理的,你有哪些感想。

要重点突出,围绕一两个中心写,要有实际内容。要有实践、有分析、有例证。既可对工地上自己参与解决的实际疑难问题进行论述,也可对自己的工作方法设想进行论证。

能否写好实习报告,取决于对自己实习工作的深入程度,只有勤于思考,用心学习,才能写出优秀的实习报告。在实习中期就应确定报告的主要内容,搜集资料,做好准备工作;实习后期就应开始着手,并与指导教师沟通。

八、实习纪律

(1)严格遵守国家法令、法规,遵守学院实训基地各项规章制度和纪律。

(2)积极主动地投身到实际工作中去,充分发挥自己的聪明才智,将所学到的理论知识付诸实践;在实践工作中不断检验、充实、提高自己的知识水平,并力争运用学过的知识解决生产中的实际问题。

(3)尊敬师长,虚心向指导教师求教、向工人师傅学习,努力做到主动干、虚心学、细观察、勤思考,不断总结实习中的体会和收获。

(4)遵守安全生产规定,注意人身安全和健康,防止事故和疾病。

(5)实习期间不得随意请假,每天认真填写考勤表,不准事后补签。

(6)进入工地首先要熟悉安全规章制度,并严格遵守,实习小组长兼安全员应随时检查不安全因素。

(7)不随意乱动现场的机、电设备,防止触电事故发生。

(8)严禁下水游泳,每人必须《签订不下水游泳安全承诺书》,并由家长签字。

(9)每天写实习日记、填出勤表,实习结束时按指导教师规定的时间,上交出勤表、工地评语及成绩单、实习日记、实习报告及其他成果资料。

九、考核内容与成绩评定

实习期间的考核根据实习过程中应掌握的内容而定,具体见表4-1所示。

实习考核项目及分值 表4-1

考核项目		分值
外业勘测	仪器的熟练程度	5
	外业资料的规范性	5
	工作态度	10
	团结协作	10
	遵守纪律	10
	准时完成任务情况	10

续上表

考核项目		分 值
内业设计	辅助设计软件的熟练程度	10
	图表文件的规范性	10
	遵守纪律	10
	准时完成任务情况	10
实习报告	完整、真实、丰富	10

各实习小组评定出不及格(59分以下)、及格(60~69分)、中等(70~80分)、良好(81~100分)四级成绩。根据上述的考核内容,按优秀、良好、中等、及格、不及格五级分制评定成绩,对不提交实习报告及规定成果、出勤不足2/3、抄袭他人成果及严重违反纪律者按不及格计,不予毕业。

第五章 实习及课程设计的参考资料

实习及课程设计期间,应广泛搜集资料、查阅相关文献,深入掌握专业知识,并提高文献阅读和获取信息的能力。本节列出部分参考书目,学生可以自备或从图书馆、资料室借阅。见表5-1。

实习及课程设计期间参考资料　　　　　　　表5-1

序号	参 考 资 料	数 量	备 注
1	公路工程技术标准(JTG B01—2014),人民交通出版社	1	小组,必备
2	公路路线设计规范(JTG D20—2006),人民交通出版社	1	小组,必备
3	公路路基设计规范(JTG D30—2004),人民交通出版社	1	小组,必备
4	公路勘测规范(JTG C10—2007),人民交通出版社	1	小组,必备
5	公路工程地质勘察规程(JTG C20—2011),人民交通出版社	1	小组,可选
6	公路桥涵设计通用规范(JTG D60—2004),人民交通出版社	1	小组,可选
7	公路工程基本建设项目设计文件编制办法,人民交通出版社	1	小组,可选
8	公路工程基本建设项目设计文件图表示例,人民交通出版社	1	小组,可选
9	公路设计手册——路线,人民交通出版社	1	小组,可选
10	公路设计手册——路基(第2版),人民交通出版社	1	小组,可选
11	公路小桥涵设计手册,人民交通出版社	1	小组,可选
12	道路勘测设计(教材)	1	个人,必备
13	工程测量学(教材)	1	个人,必备
14	水力学与桥涵水文(教材)	1	个人,可选
15	路基路面工程(教材)	1	个人,可选
16	土质学与土力学(教材)	1	个人,可选
17	道路建筑材料(教材)	1	个人,可选

附录一 公路测设指标汇总

二级以下公路主要技术指标汇总表　　　　　　附表1-1

公路等级		二级公路		三级公路		四级公路
设计速度(km/h)		80	60	40	30	20
车道数(条)		2	2	2	2	2或1
车道宽度(m)		3.75	3.50	3.50	3.25	3.00(双) 3.50(单)
路基宽度(m)	一般值	12.00	10.00	8.50	7.50	6.50(双) 4.50(单)
	最小值	10.00	8.50	—	—	—
右侧硬路肩宽度(m)	一般值	1.50	0.75	—	—	—
	最小值	0.75	0.25	—	—	—
土路肩宽度(m)	一般值	0.75	0.75	0.75	0.50	0.25(双) 0.50(单)
	最小值	0.50	0.50			
平曲线最小半径(m)	一般值	400	200	100	65	30
	极限值	250	125	60	30	15
不设超高最小半径(m)	$i_g \leq 2\%$	2500	1500	600	350	150
	$i_g > 2\%$	3350	1900	800	450	200
缓和曲线最小长度(m)		70	60	40	30	20
平曲线最小长度(m)	一般值	400	300	200	150	100
	极限值	140	100	70	50	40
转角≤7°时的平曲线长度(m)		1000/α	700/α	500/α	350/α	280/α
停车视距(m)		110	75	40	30	20
超车视距(m)	一般值	550	350	200	150	100
	最小值	350	250	150	100	70
最大纵坡(%)		5	6	7	8	9
最小坡长(m)		200	150	120	100	60
不同纵坡最大坡长(m)	3	1100	1200	—	—	—
	4	900	1000	1100	1100	1200
	5	700	800	900	900	1000
	6	500	600	700	700	800
	7	—	—	500	500	600
	8	—	—	300	300	400
	9	—	—	—	200	300
	10	—	—	—	—	200
凸形竖曲线最小半径(m)	一般值	4500	2000	700	400	100
	极限值	3000	1400	450	250	100

续上表

公路等级		二级公路		三级公路		四级公路
设计速度(km/h)		80	60	40	30	20
凹形竖曲线最小半径(m)	一般值	3000	1500	700	400	200
	极限值	2000	1000	450	250	100
竖曲线最小长度(m)	一般值	170	120	90	60	50
	极限值	70	50	35	25	20
最大允许合成坡度(%)		9.0	9.5	10.0	10.0	10.0
最大超高值(%)	一般地区	8				
	冰冻积雪	6				
	车速受限	6	4	2		
超高渐变率	中线旋转	1/200	1/175	1/150	1/125	1/100
	边线旋转	1/150	1/125	1/100	1/75	1/50

注:表中 α 角为路线转角值(°),当 $\alpha < 2°$ 时,按 $\alpha = 2°$ 计算; i_g 为路拱横坡。

回头曲线极限指标   附表1-2

主线设计速度(km/h)	40		30	20
回头曲线设计速度(km/h)	35	30	25	20
圆曲线最小半径(m)	40	30	20	15
回旋线最小长度(m)	35	30	25	20
超高横坡度(%)	6	6	6	6
双车道路面加宽值(m)	2.5	2.5	2.5	3.0
最大纵坡(%)	3.5	3.5	4.0	4.5

公路平曲线加宽   附表1-3

加宽类别	汽车轴距加前悬(m) \ 平曲线半径(m)	250~200	200~150	150~100	100~70	70~50	50~30	30~25	25~20	20~15
1	5	0.4	0.6	0.8	1.0	1.2	1.4	1.8	2.2	2.5
2	8	0.6	0.7	0.9	1.2	1.5	2.0			
3	5.2+8.8	0.8	1.0	1.5	2.0	2.5				

附录二　实习日志样本

2011 年 12 月 27 日　星期二

　　今天我组的任务是选线、定线,仪器交接完成后,我组成员深入了解了本次选线的工作任务:实地确定道路中线位置,确定路线的总体布局,确定路线的转角及交点并定桩,选定曲线半径及缓和曲线长度,在陡坡地段进行放坡定线。我组本次选线属于丘陵区选线,地形有起伏,但是海拔较低,坡度比较和缓,地势复杂。经我组分析,高差变化和测量视线是影响选线的主要因素。

　　本次测量用到的主要仪器有:全站仪、罗盘仪、花杆 4 根。除此之外还有一些辅助器材,包括锤球、油漆等。

　　我组主要按照"全面布局、逐段安排、具体定线"的步骤进行选线。在全组成员的默契配合下,按设计规范要求确定了路的中线的具体位置。

　　在选线时,遇到了一个比较棘手的问题:当测到第 13 个交点时看不到交点,此时全站仪架好,经全组讨论,决定在中间加上一个转点,看不到交点的问题就解决了。

　　通过本次选线,同学们更加团结,思路更加开阔,为今后的实习任务打下了很好的基础。

附录三　野外勘测实习数据成果

野外勘测实习数据成果

专业：_____

班组：_____

学号：_____

姓名：_____

实习地点：_____

实习日期：_____

指导教师：_____

目　　录

1. 平面控制测量记录与计算表
2. 基平测量记录与计算表
3. 中平测量记录与计算表
4. 路线导线测量记录表
5. 横断面测量记录表
6. 野外各种调查记录簿
7. 1:2000 地形图
8. 道路勘测实习总结
9. 实习日记

附录四　道路外业测设记录表

- A1　平面控制测量记录簿
- A2　放线记录簿
- A3　中桩记录簿
- A4　水平测量记录簿
- A5　横断面测量记录簿
- B1　用地调查记录簿
- B2　拆迁建筑构造物记录簿
- B3　拆迁电信及电力设备记录簿
- C1　公路工程地质调查记录簿
- C2　挡土墙调查记录簿
- C3　筑路材料调查记录簿
- C4　路线外取土坑调查记录簿
- C5　路面路基情况调查记录簿
- D1　涵洞原始资料记录簿
- D2　小桥测设记录簿
- D3　大中桥测量记录簿
- D4　通道原始资料记录簿
- D5　隧道测设记录簿
- D6　原有涵洞调查记录簿
- D7　原有桥梁构造物调查记录簿
- E1　道路交叉测量调查记录簿
- E2　管线交叉测量调查记录簿

A1　平面控制测量记录簿

平面控制测量记录簿

工 程 名 称：_____
记录簿编号：_____
　　　第___本　共___本

路 线 名 称 _____

工程(工点)名称 _____

测 设 单 位 _____

平 面 控 制 测 量 记 录 簿

记录簿编号:_____

第___本　共___本

仪器型号_____

记录开始日期:20_____年_____月_____日

记录完毕日期:20_____年_____月_____日

共填_____页

专业组长_____

指导教师_____

记 录 要 求

(1) 用铅笔记录,书写应端正清晰。
(2) 错误数据可杠掉重写,注明原因。
(3) 不得使用橡皮擦除数据。
(4) 内容要齐全,签署要完备。
(5) 记录应及时复核检查,并留有痕迹。
(6) 注明所采用的平面控制坐标系统。
(7) 各记录簿之间的承接应在备注栏中说明。
(8) 测量结束时,应对记录簿统一编号,编写本簿目录及总目录。

总 目 录

序 号	起讫桩号	记录簿编号	起讫页号	备 注

本 簿 目 录

序　　号	起讫页号	工点名称及起讫点编号	备　　注

测站　　　　日期:20___年___月___日　　天气:上午____下午____　　　　　　第___页

测回	测点	读　数				左－右(2C)	半测回归零差	左侧角平均值	左侧角采用值	偏角
		盘左	中数	盘右	中数					
		° ′ ″	″	° ′ ″	″	″	″	° ′ ″	° ′ ″	° ′ ″
I										左
										右
	左侧角									
II										
	左侧角									

测站	测站仪高(m)	棱镜高(m)		温度 t（℃）	气压 P（mmHg/hPa）	地　面　高（m）		
		后视	前视			后视	测站	前视
测点						垂直角采用值	边长采用值(m)	测站至前后视高差(m)
						° ′ ″		
距离观测值(m)	I		垂直角观测值	I	° ′ ″ ° ′ ″			
	II			II		备注:		
	III			III				
	IV			IV				
平均			平均					

A2 放线记录簿

测量:_____   记录:_____   复核:_____

放 线 记 录 簿

工 程 名 称:_____

记录簿编号:_____

第___本   共___本

路 线 名 称＿＿＿＿＿＿＿＿＿＿＿＿＿＿＿＿＿＿＿

工程(工点)名称＿＿＿＿＿＿＿＿＿＿＿＿＿＿＿＿＿

测 设 单 位＿＿＿＿＿＿＿＿＿＿＿＿＿＿＿＿＿＿＿

放 线 记 录 簿

记录簿编号：＿＿＿＿＿＿

第＿＿本　共＿＿本

仪器型号＿＿＿＿＿＿＿＿＿＿＿＿＿＿

记录开始日期:20＿＿＿＿年＿＿＿＿月＿＿＿＿日

记录完毕日期:20＿＿＿＿年＿＿＿＿月＿＿＿＿日

共填＿＿＿＿页

专业组长＿＿＿＿＿＿＿＿＿＿＿

指导教师＿＿＿＿＿＿＿＿＿＿＿

记 录 要 求

(1)请用铅笔记录,书写应端正清晰。
(2)错误数据可杠掉重写,注明原因。
(3)不得使用橡皮擦除数据。
(4)内容要齐全,签署要完备。
(5)记录应及时复核检查,并留有痕迹。
(6)详测时应放出路线起讫桩、要素桩和公里桩。
(7)测量结束时,应对记录簿统一编号,编写本簿目录及总目录。

总 目 录

序　号	起讫桩号	记录簿编号	起讫页号	备　注

本 簿 目 录

序　号	工点名称及起讫桩号	起讫页号	上承本页	下接本页

20＿＿＿年＿＿＿月＿＿＿日　　天气:上午:＿＿＿下午:＿＿＿　　　　　　　　　第＿＿＿页

置镜点编号坐标及高程	后视点编号高程及方位角	测点桩号及坐标	测点方位角(° ′ ″)	距离(m)	备 注
		K +			
		X -			
		Y -			
		K +			
		X -			
		Y -			
		K +			
		X -			
		Y -			
		K +			
		X -			
		Y -			
		K +			
		X -			
		Y -			
		K +			
		X -			
		Y -			
		K +			
		X -			
		Y -			
		K +			
		X -			
		Y -			
		K +			
		X -			
		Y -			

测量者:＿＿＿＿＿＿＿＿＿　　计算者:＿＿＿＿＿＿＿＿＿　　复核者:＿＿＿＿＿＿＿＿＿

A3 中桩记录簿

中桩记录簿

工程名称:＿＿＿＿＿＿＿＿＿＿＿＿

记录簿编号:＿＿＿＿＿＿＿＿＿＿＿

第＿＿本　共＿＿本

路线测量主要专用名词及代号对照表

中文名词	代号	中文名词	代号
交点	JD	公切点	GQ
转点	ZD	第一缓和曲线起点	ZH
导线点	DD	第一缓和曲线终点	HY
转角	α	第二缓和曲线终点	YH
左转角	α_z	第二缓和曲线起点	HZ
右转角	α_y	比较线标记	A、B、C…
偏角	Δ	改线、量距差错改正	G
曲线半径	R	公里标	K
缓和曲线角	β	方位角	θ
缓和曲线参数	A	方向角	ψ
曲线长(包括缓和曲线长)	L	水准点	BM
切线长(包括设置缓和曲线所增切线长)	T	东	E
外距(包括设置缓和曲线所增外距长)	E	南	S
缓和曲线长	L_s	西	W
校正值(包括设置缓和曲线所引起的变动)	J	北	N
圆曲线起点	ZY	横坐标	$\overline{X}$
圆曲线中点	QZ	纵坐标	$\overline{Y}$
圆曲线终点	YZ		

路 线 名 称_____

工程(工点)名称_____

测 设 单 位_____

中 桩 记 录 簿

记录簿编号:_____

第____本 共____本

记录开始日期:20____年____月____日

记录完毕日期:20____年____月____日

共填____页

专业组长_____

指导教师_____

记 录 要 求

(1)用铅笔记录,内容要齐全,签署要完备。
(2)书写清晰,计算正确,记录应及时复核检查。
(3)有特殊桩号要记好位置,如沟渠、交叉道、小路、建筑物等应在附注中注明或绘出草图。
(4)一次测量两次设计也可采用此记录簿。
(5)错误数据可杠掉重写,注明原因。
(6)不得使用橡皮擦除数据。
(7)测量结束时,应对记录簿统一编号,编写本簿目录及总目录。

总 目 录

序 号	起讫桩号	记录簿编号	起讫页号	备 注

本 簿 目 录

序　号	起讫桩号	上承本页	下接本页	页　号

20＿＿年＿＿月＿＿日　天气：＿＿＿＿＿＿　　　　　　　　　　　　第＿＿页
测量者＿＿＿＿＿＿＿＿　计算者＿＿＿＿＿＿＿＿

桩　号	转　　点	转角号及曲线数值	附　注

A4 水平测量记录簿

水平测量记录簿

工程名称:_____
记录簿编号:_____
第___本　共___本

路 线 名 称 _____

工程(工点)名称 _____

测 设 单 位 _____

水 平 测 量 记 录 簿

记录簿编号：_____

第____本　　共____本

仪器牌号_____

望远镜放大率_____倍

水准器分划值_____

水 平 尺_____

记录开始日期:20____年____月____日

记录完毕日期:20____年____月____日

共填____页

专业组长_____

指导教师_____

记 录 要 求

(1)用铅笔记录,书写应端正清晰。
(2)错误数据可杠掉重写,注明原因。
(3)不得使用橡皮擦除数据。
(4)内容要齐全,签署要完备。
(5)记录应及时复核检查,并留有痕迹。
(6)此记录用于高等级公路和低等级公路的初步设计和施工图设计。
(7)注明所采用的水准高程系统。
(8)测量结束时,应对记录簿统一编号,编写本簿目录及总目录。

总 目 录

序　号	起讫桩号	记录簿编号	起讫页号	备　注

本 簿 目 录

序 号	工点名称及起讫桩号	起讫页号	备 注

测量者＿＿＿＿＿＿　　　计算者＿＿＿＿＿＿　　　　　　　　第＿＿页

水准点编号	桩　号	后　视	仪器高	前　后	
				转点	中间点

复核者_____ 20___年___月___日 天气:上午___下午___

假定高程	绝对高程	附 注

A5 横断面测量记录簿

横 断 面 测 量 记 录 簿

工 程 名 称:＿＿＿＿＿＿＿＿＿＿
记录簿编号:＿＿＿＿＿＿＿＿＿＿
　　第＿＿本　　共＿＿本

路 线 名 称＿＿＿＿＿＿＿＿＿＿＿＿＿＿＿＿＿＿＿

工程(工点)名称＿＿＿＿＿＿＿＿＿＿＿＿＿＿＿＿＿＿＿

测 设 单 位＿＿＿＿＿＿＿＿＿＿＿＿＿＿＿＿＿＿＿

横 断 面 测 量 记 录 簿

记录簿编号：＿＿＿＿＿＿

第＿＿＿本　　共＿＿＿本

记录开始日期:20＿＿＿＿年＿＿＿＿月＿＿＿＿日

记录完毕日期:20＿＿＿＿年＿＿＿＿月＿＿＿＿日

共填＿＿＿＿页

专业组长＿＿＿＿＿＿＿＿＿＿

指导教师＿＿＿＿＿＿＿＿＿＿

记 录 要 求

(1)用铅笔记录,书写应端正清晰。
(2)错误数据可杠掉重写,注明原因。
(3)不得使用橡皮擦除数据。
(4)内容要齐全,签署要完备。
(5)记录应及时复核检查。
(6)测量结束时,应对记录簿统一编号,编写本簿目录及总目录。

横断面数据记录格式

☐距离相对于前一点
☐高差记录格式
☐高差相对于中桩
☐高差相对于前一点
☐采用水准仪视线高差

附注:在采用格式前的方框内打√

总 目 录

序　号	起讫桩号	记录簿编号	起讫页号	备　注

本 簿 目 录

序 号	工点名称及起讫桩号	起讫页号	上承本页	下接本页

20＿＿年＿＿月＿＿日　天气：＿＿＿＿　　　　　　　　　　　　　　　第＿＿页

(m)	(高差)	左　边	后视桩号	右　边	(高差)	(m)
前视 / 距离					前视 / 距离	

记录者：＿＿＿＿＿＿　　计算者：＿＿＿＿＿＿　　复核者：＿＿＿＿＿＿

B1 用地调查记录簿

用地调查记录簿

工程名称：_____

记录簿编号：_____

第___本　共___本

路 线 名 称＿＿＿＿＿＿＿＿＿＿＿＿＿＿＿＿＿＿＿

工程(工点)名称＿＿＿＿＿＿＿＿＿＿＿＿＿＿＿＿＿＿＿

测 设 单 位＿＿＿＿＿＿＿＿＿＿＿＿＿＿＿＿＿＿＿

用 地 调 查 记 录 簿

记录簿编号：＿＿＿＿＿＿

第＿＿本　　共＿＿本

记录开始日期:20＿＿＿＿年＿＿＿＿月＿＿＿＿日

记录完毕日期:20＿＿＿＿年＿＿＿＿月＿＿＿＿日

共填＿＿＿＿页

专业组长＿＿＿＿＿＿＿＿＿＿

指导教师＿＿＿＿＿＿＿＿＿＿

记 录 要 求

(1)用铅笔记录,书写应端正清晰。
(2)错误数据可杠掉重写,注明原因,不得使用橡皮擦除数据。
(3)内容要齐全,签署要完备。
(4)记录应及时复核检查。
(5)资料收集要齐全,按调查内容边调查边记录。
(6)注明占用的土地所属单位名称及个人姓名,土地的类别、等级、产量、青苗种类、在路线哪侧等。
(7)调查时注意路线左右两侧,不要漏项。
(8)如表中没有的项目请记在后边的空白栏内;较复杂的项目,应在空白栏内绘出简图,标注清楚。
(9)测量结束时,应对记录簿统一编号,编写本簿目录及总目录。

总 目 录

序　号	起讫桩号	记录簿编号	起讫页号	备　注

本 簿 目 录

序　号	起讫桩号	起讫页号	备　注

20＿＿年＿＿月＿＿日　调查者＿＿＿＿＿＿＿　　　　　　　　　　　　第＿＿页

起 讫 桩 号	所属县、乡、村	土地类别及等级

20 ___年___月___日　调查者_____　　　　　　　　　　　　　　　第___页

B2 拆迁建筑构造物记录簿

拆迁建筑构造物
记录簿

工程名称:_____

记录簿编号:_____

第___本　共___本

路 线 名 称＿＿＿＿＿＿＿＿＿＿＿＿＿＿＿＿＿

工程(工点)名称＿＿＿＿＿＿＿＿＿＿＿＿＿＿＿

测 设 单 位＿＿＿＿＿＿＿＿＿＿＿＿＿＿＿＿＿

拆迁建筑构造物记录簿

记录簿编号：＿＿＿＿＿＿

第＿＿本　　共＿＿本

记录开始日期:20＿＿＿＿年＿＿＿＿月＿＿＿＿日

记录完毕日期:20＿＿＿＿年＿＿＿＿月＿＿＿＿日

共填＿＿＿＿页

专业组长＿＿＿＿＿＿＿＿＿

指导教师＿＿＿＿＿＿＿＿＿

记 录 要 求

(1) 请用铅笔记录,书写应端正清晰。

(2) 错误数据可杠掉重写,注明原因,不得使用橡皮擦除数据。

(3) 资料收集要齐全、按调查内容边调查边填写;调查日期、调查人等要签署完整。

(4) 拆迁房屋,要填清所属单位名称或个人姓名。种类、幢数、间数、数量,其他如水井、坟墓、厕所、围墙等均须分类填写。

(5) 调查时注意路线左右不要漏项。

(6) 表中没有的项目请记在后面的空白栏内。复杂的项目应以简图绘于空白栏内,并标注清楚。

(7) 测量结束时,应对记录簿统一编号,编写本簿目录及总目录。

总 目 录

序　　号	起讫桩号	记录簿编号	起讫页号	备　　注

本 簿 目 录

序　号	工点名称及起讫桩号	起 讫 页 号	备　注

20 ___年___月___日 调查者_____   第___页

桩 号	地 名	何单位或何人所有	距路中线距离(m)		数 量	结构形式
			左	右		

20＿＿年＿＿月＿＿日　　调查者＿＿＿＿＿＿　　　　　　　　　　　　　　第＿＿页

B3 拆迁电信及电力设备记录簿

拆迁电信及电力设备记录簿

工 程 名 称：_____
记录簿编号：_____
　　　第___本　共___本

路 线 名 称 _____

工程(工点)名称 _____

测 设 单 位 _____

拆迁电信及电力设备
记 录 簿

记录簿编号：_____

第____本　共____本

记录开始日期:20_____年_____月_____日

记录完毕日期:20_____年_____月_____日

共填_____页

专业组长_____

指导教师_____

记 录 要 求

(1)请用铅笔记录,书写应端正清晰。
(2)错误数据可杠掉重写,注明原因,不得使用橡皮擦除数据。
(3)资料收集要齐全、按调查内容边调查边填写。调查日期、调查人等要签署完整。
(4)注明需要拆迁的电信、电力设备是何单位所有。
(5)拆迁电信电力线等要按类别、性质分别调查,需要拆的电线杆数、电信线数、长度及电力线(高压、低压注明多少伏)的根(架)数、电力线数、长度等。
(6)调查时注意路线左右不要漏项。
(7)表中没有的项目请记在后面的空白栏内。复杂的项目应以简图绘于空白栏内,并标注清楚。
(8)测量结束时,应对记录簿统一编号,编写本簿目录及总目录。

总 目 录

序　号	起讫桩号	记录簿编号	起讫页号	备　注

本 簿 目 录

序　号	起讫桩号	起讫页号	备　注

20＿＿年＿＿月＿＿日 调查者＿＿＿＿＿＿＿ 第＿＿页

起讫桩号	电杆			电线架		电线			净空高度(m)	拆迁长度(m)	电压(kV)	备注
	种类	编号	根数	种类	座数	种类	根数	总长				

20＿＿年＿＿月＿＿日　　调查者＿＿＿＿＿＿　　　　　　　　　　　　　　　　　第＿＿页

C1 公路工程地质调查记录簿

公路工程地质
调查记录簿

工程名称：_____
记录簿编号：_____
第____本　共____本

路 线 名 称 _____

工程(工点)名称 _____

测 设 单 位 _____

公 路 工 程 地 质
调 查 记 录 簿

记录簿编号:_____

第____本　　共____本

由K_____+_____至K_____+_____

试坑(钻孔)自第_____号至第_____号

记录开始日期:20_____年_____月_____日

记录完毕日期:20_____年_____月_____日

共填_____页

专业组长_____

指导教师_____

野外确定土的含水率表

(1) 干燥——用手搓碎时土壤成粉状,不感到土壤潮湿的冷感。
(2) 稍湿——感到土壤凉爽有潮湿冷感。
(3) 潮湿——土壤在手中挤压时,水不能渗出,将无浆性纸贴于土上时,纸即被浸湿。
(4) 饱和——土壤在手中挤压时有水自土样中流出、静止状态时土壤(在板上)自由滑塌。

野外确定土的密度表

(1) 松散——铲能自由地铲进土中,将土块掷出时成为碎粒;用勺钻钻探时,易于钻入土中。
(2) 中密——用脚可将整个铲片压进土中,所挖出土块掷出后成大小不一的颗粒,勺钻旋转十次进入土中 15~20cm。
(3) 密实——铲进土中困难,铲片不能一次压入土中,土块用手使力才可打碎,勺钻旋转困难;一人重量压于活动夹持器上旋转十次,勺钻可进入土中 10~15cm。
(4) 很密实——铲不能掘进土中,挖土时要用洋镐和铁钎,有时要加楔,土块用手不能打碎。钻探只能用螺纹钻进并以一二个人的重量压于活动夹持器上来进行,螺纹钻进入土中很困难(旋转十次钻入 5~7cm)。

注:试坑(钻孔)柱状图的地层描述栏供记述岩土名称、颜色、密度、湿度、工程等级内容,地下水位、取样深度及编号可填入"注"中。

总 目 录

序　号	起讫桩号	记录簿编号	起讫页号	备　注

本 簿 目 录

序 号	起讫桩号(工点编号)	起讫页号	备 注

试坑(钻孔)柱状图

第____页

编号_____ 坑(孔)口高程_____

位置_____

层位(m)	层厚(m)	柱状图 1:	地层描述	备 注

调查者：_____ 20___年___月___日 天气：_____ 第___页

挖方边坡率及工程等级：

桩 号	边坡率	I	II	III	IV	V	VI	边沟

·111·

小试坑(钻孔)记录:

坑(孔)号			
位　　置			
高　　程			
各层深度、名称、湿度、密度及地下水位等的描述			

调查者：_____ 20___年___月____日 天气：_____ 　　　　第___页

路线描述：

调查者：_____   20____年____月____日   天气：_____

C2　挡土墙调查记录簿

挡土墙调查记录簿

工 程 名 称：＿＿＿＿＿＿＿＿＿＿
记录簿编号：＿＿＿＿＿＿＿＿＿＿
　　第＿＿本　共＿＿本

路 线 名 称＿＿＿＿＿＿＿＿＿＿＿＿＿＿＿＿＿＿＿

工程(工点)名称＿＿＿＿＿＿＿＿＿＿＿＿＿＿＿＿＿＿＿

测 设 单 位＿＿＿＿＿＿＿＿＿＿＿＿＿＿＿＿＿＿＿

挡 土 墙 调 查 记 录 簿

记录簿编号：＿＿＿＿＿＿

第＿＿本　　共＿＿本

记录开始日期:20＿＿＿＿年＿＿＿＿月＿＿＿＿日

记录完毕日期:20＿＿＿＿年＿＿＿＿月＿＿＿＿日

共填＿＿＿＿页

专业组长＿＿＿＿＿＿＿＿＿＿

指导教师＿＿＿＿＿＿＿＿＿＿

记录要求及说明

(1)"加桩比高"(含起点、中心、终点桩)栏:高速公路采用水准仪测量;低等级公路采用手水准测量。

(2)"纵断面测量"栏:起测点应便于测量和按实际地形而定。

(3)"横断面测量"栏:按路线中线正交方向测量。

(4)"基础地质描述"栏:包括开挖探坑和手摇钻的地质资料。

(5)"沿岸水位、冲刷等情况"栏:水位指高水位、常水位和枯水位。冲刷指水流对堤岸侵蚀,洪峰时河床推移质和漂浮物。

(6)"其他说明"栏:包括建筑材料性质和来源,地震资料和施工注意事项。

(7)挡土墙测量,一般待路基横断面戴帽后,再到实地测量,并应在转移工地前完成。

总 目 录

序　号	起讫桩号	记录簿编号	起讫页号	备　注

本 簿 目 录

序 号	起讫桩号(工点编号)	起讫页号	备 注

一、综合资料 第＿＿页

编　　号		起点桩号	K　　＋	中心桩号	K　　＋	
终点桩号	K　　＋	中心桩号比	K　　＋	高 ——————（m） 低		
平曲线半径	（m）	路基加宽	左 ——————（m） 右	路面超高	左 ——————（％） 右	
路线纵坡	％	竖曲线半径	凸 ——————（m） 凹	路线坡度差	＋ ——————（％） －	

平面示意图	
结构纵向 布置示意图	

调查者：_____   20____年____月____日   天气：_____

二、断面测量   第____页

结构形式示意图		
纵断面测量	路中线	
	基础	— — — 距路中线_____(m)— — — — — —比 + 高(低)____(m)— — —
横断面测量		— — — — — K↑ + — — — — —
		— — — — — K↑ + — — — — —
		— — — — — K↑ + — — — — —
		— — — — — K↑ + — — — — —
		— — — — — K↑ + — — — — —
		— — — — — K↑ + — — — — —
		— — — — — K↑ + — — — — —
		— — — — — K↑ + — — — — —
		— — — — — K↑ + — — — — —

调查者：_____ 20____年____月____日 天气：_____

三、资料调查　　　　　　　　　　　　　　　　　　　　　　第____页

基础地质描述	
沿岸水位冲刷等情况	
其他说明	

调查者：_____   20____年____月____日   天气：_____

四、挡墙高度计算

第____页

顺序	桩号	地面高程（m）	设计高程（m）	路基(m)				挡墙高程		挡墙高度（m）
				宽度	加宽		全宽	墙顶(m)	基顶(m)	
					左	右				

计算者：_____   复核者：_____   20____年____月____日   天气：_____

C3 筑路材料调查记录簿

筑路材料调查记录簿

工程名称：_____

记录簿编号：_____

第____本　共____本

路 线 名 称＿＿＿＿＿＿＿＿＿＿＿＿＿＿＿＿＿＿

工程(工点)名称＿＿＿＿＿＿＿＿＿＿＿＿＿＿＿＿＿＿

测 设 单 位＿＿＿＿＿＿＿＿＿＿＿＿＿＿＿＿＿＿

筑 路 材 料 调 查 记 录 簿

记录簿编号：＿＿＿＿＿＿

第＿＿本　　共＿＿本

记录开始日期:20＿＿＿＿年＿＿＿＿月＿＿＿＿日

记录完毕日期:20＿＿＿＿年＿＿＿＿月＿＿＿＿日

共填＿＿＿＿页

专业组长＿＿＿＿＿＿＿＿＿＿

指导教师＿＿＿＿＿＿＿＿＿＿

总 目 录

序　号	起讫桩号	记录簿编号	起讫页号	备　注

本 簿 目 录

序　号	调查记录内容	页　号	备　注

第___页

调查者_____ 20____年____月____日   天气:_____

(1) 材料名称:_____

(2) 料场编号:_____ 料场地形图号:_____

(3) 位置:K____+____ 左(右)边____m

(4) 料场位置地形、地物及地表覆盖物概略描述:_____
_____
_____
_____

(5) 材料品种、规格及质量:_____
_____
_____
_____

(6) 运输方式、运距及运输条件:_____
_____
_____
_____

(7) 取样试验情况:_____
_____
_____
_____
_____

(8) 料场描述及草图:_____
_____
_____
_____
_____

C4　路线外取土坑调查记录簿

路线外取土坑调查记录簿

工程名称：_____
记录簿编号：_____
　　第___本　共___本

路 线 名 称＿＿＿＿＿＿＿＿＿＿＿＿＿＿＿＿

工程(工点)名称＿＿＿＿＿＿＿＿＿＿＿＿＿＿＿＿

测 设 单 位＿＿＿＿＿＿＿＿＿＿＿＿＿＿＿＿

路 线 外 取 土 坑 调 查 记 录 簿

记录簿编号：＿＿＿＿＿

第＿＿本　共＿＿本

记录开始日期:20＿＿＿年＿＿＿月＿＿＿日

记录完毕日期:20＿＿＿年＿＿＿月＿＿＿日

共填＿＿＿页

调查者＿＿＿＿＿＿＿＿

专业组长＿＿＿＿＿＿＿＿

指导教师＿＿＿＿＿＿＿＿

记 录 要 求

(1)调查记录要清晰,资料收集要齐全。
(2)调查时间要填写清楚,调查人要签署完整。
(3)本记录簿为高等级公路和低等级公路施工图测量使用。

总 目 录

序　号	起讫桩号	记录簿编号	起讫页号	备　注

本 簿 目 录

序　号	调查记录内容	页　号	备　注

调查者_____   20____年____月____日   第____页

(1) 取土坑第_____号

(2) 地点:(地名)_____

　　　　K _____ + _____

　距路中线:右边_____ m

　　　　　左边_____ m

(3) 供应路段:自 K _____ + _____

　　　　　　至 K _____ + _____

(4) 附近地形及所处位置:_____
_____
_____
_____

(5) 种植情况:_____
_____
_____

(6) 取土坑尺寸:

　　　长_____m,宽_____m,深_____m。

(7) 占地面积:_____亩

(8) 耕地种类:_____

(9) 取样份数:_____自第_____号

　　　　　　　　　　　　至第_____号

调查者：_____   20___年___月___日   第___页

土　层					利用方数 (m^3)	搬 运 条 件		试验根据
层号	土类	工程等级	出产数量 (m^3)	工程用途		运距(m)	方法	

C5　路面路基情况调查记录簿

路 面 路 基 情 况
调 查 记 录 簿

工 程 名 称：_____

记录簿编号：_____

第___本　　共___本

路 线 名 称＿＿＿＿＿＿＿＿＿＿＿＿＿＿＿＿＿＿＿

工程(工点)名称＿＿＿＿＿＿＿＿＿＿＿＿＿＿＿＿＿＿＿

测 设 单 位＿＿＿＿＿＿＿＿＿＿＿＿＿＿＿＿＿＿＿

路 面 路 基 情 况
调 查 记 录 簿

记录簿编号：＿＿＿＿＿＿

第＿＿本　　共＿＿本

记录开始日期:20＿＿＿＿年＿＿＿＿月＿＿＿＿日

记录完毕日期:20＿＿＿＿年＿＿＿＿月＿＿＿＿日

共填＿＿＿＿＿页

记录者＿＿＿＿＿＿＿＿＿＿＿＿

指导教师＿＿＿＿＿＿＿＿＿＿＿＿

总 目 录

序　号	起讫桩号	记录簿编号	起讫页号	备　注

本 簿 目 录

序　号	调查内容（工点名称）	页　号	备　注

调查者：_____ 20____年____月____日   第____页

(1)横断面编号：_____桩号 K_____+_____
(2)路面宽度：_____（m）
(3)路面种类：_____
(4)基层情况：_____

(5)路基土的种类：_____
_____

(6)路面表层情况：_____
_____
_____

(7)石料种类：_____
(8)排水情况：_____
_____
_____

(9)横断面探孔布置及路面现状：_____

测量路面及基层厚度（cm）

项　　目	孔　　洞				
	1	2	3	4	5
面层厚度					
基层厚度					

探孔布置图

第＿＿页

(10)交通量及路基路面使用状况：

(11)横断面示意草图：

D1　涵洞原始资料记录簿

涵洞原始资料记录簿

工 程 名 称：_____

记录簿编号：_____

第____本　　共____本

路 线 名 称＿＿＿＿＿＿＿＿＿＿＿＿＿＿＿＿＿＿

工程(工点)名称＿＿＿＿＿＿＿＿＿＿＿＿＿＿＿＿＿＿

测 设 单 位＿＿＿＿＿＿＿＿＿＿＿＿＿＿＿＿＿＿

涵 洞 原 始 资 料 记 录 簿

记录簿编号:＿＿＿＿＿＿

第＿＿本　　共＿＿本

涵洞＿＿＿＿＿＿座

记录开始日期:20＿＿＿＿年＿＿＿＿月＿＿＿＿日

记录完毕日期:20＿＿＿＿年＿＿＿＿月＿＿＿＿日

共填＿＿＿＿页

专业组长＿＿＿＿＿＿＿＿＿＿

指导教师＿＿＿＿＿＿＿＿＿＿

记录要求及说明

(1) 流量计算可根据具体情况分别用径流形成法、形态法,或直接类比法计算。
(2) 水流方向与路线交角用符号"↑→"表示(符号"↑"系指路线前进方向,"→"系指桥涵水流方向)。
(3) 断面测量记录中符号"↑"或"←"系指路线前进方向。
(4) 断面栏中"左(m)"或"右(m)",系指距路中线距离。
(5) 用铅笔记录,书写应端正清晰。
(6) 错误数据可杠掉重写,注明原因。
(7) 不得使用橡皮擦除数据。
(8) 内容要齐全,签署要完备。
(9) 记录应及时复核检查。
(10) 测量结束时,应对记录簿统一编号,编写本簿目录及总目录。

总 目 录

序　号	起讫桩号	记录簿编号	起讫页号	备　注

本 簿 目 录

序　号	工点名称及起讫桩号	上承本页	下接本页	页　号

调查者_____ 20___年___月___日   第___页

涵洞编号		中心桩号	K +	地名或河名	

比高：			涵洞水流方向与路线方向夹角	

汇水面积(实测或估计)	$F =$	K·m²

径流资料	所在暴雨分区		汇水区表土种类		汇流时间	
	汇水区地势			主河沟坡度		‰
	植物生长情况					
	汇水区的长度或宽度：					km
	汇水区重心至构造物处距离：					km
	湖泊泥沼水库等所占面积：					%
	计算流量：					

构造物平面示意图	

·150·

测量者：_____　　计算者：_____　　复核者：_____　　　　　　第___页

中线纵断面 (顺涵长方向)	— — — — K + ↑ — — —
	— — — — 高程：— — —
	— — — — — — — — —
	— — — — — — — — —

进出口断面	左 (m)	— — — → — — —
	右 (m)	— — — → — — —

河沟土壤类别：	
建筑材料情况：	
野外拟定孔径及式样：	

涵洞设计资料	计算流量 (m³/s)		采用孔径及式样		泄水能力(m³/s)	
	涵位中心 地面高程		路基设计高程		中心填挖	
	涵位中心 涵底高程		涵底坡度	%	涵顶填土	
	路线纵坡	%	路基宽度	m	加左宽右	m
	平曲线半径	R = 　　m	超左高右	%	内移值	m
	涵前水深	H = 　　m	涵前背水高程			m

备注	

D2　小桥测设记录簿

小 桥 测 设 记 录 簿

工 程 名 称：_____

记录簿编号：_____

第____本　共____本

路 线 名 称＿＿＿＿＿＿＿＿＿＿＿＿＿＿＿＿＿＿

工程(工点)名称＿＿＿＿＿＿＿＿＿＿＿＿＿＿＿＿＿＿

测 设 单 位＿＿＿＿＿＿＿＿＿＿＿＿＿＿＿＿＿＿

小 桥 测 设 记 录 簿

记录簿编号：＿＿＿＿＿＿

第＿＿本　　共＿＿本

记录开始日期:20＿＿＿＿年＿＿＿＿月＿＿＿＿日

记录完毕日期:20＿＿＿＿年＿＿＿＿月＿＿＿＿日

共填＿＿＿＿页

专业组长＿＿＿＿＿＿＿＿＿＿

指导教师＿＿＿＿＿＿＿＿＿＿

记录要求与说明

(1)本资料簿的填写内容,是根据《公路勘测规范》(JTG C10—2007)对小桥涵定测的基本要求编制而成。

(2)测设工作简要说明,是对某段线路而言,重点是说明对采用流量计算公式的验证。

(3)路线方向与水流方向之间的夹角:表内"↑"指路线前进方向,填写时标出流水方向,并注出右倾角。

(4)形态调查项目,是针对用径流法求设计流量,并确定其相应设计水位所必需的调查内容。

(5)P6及P7两页为用形态法计算调查洪水流量及设计流量的成果和计算过程,应根据具体情况填写。

(6)用铅笔记录,书写应端正清晰。

(7)错误数据可杠掉重写,注明原因。

(8)不得使用橡皮擦除数据。

(9)内容要齐全,签署要完备。

(10)记录应及时复核检查。

(11)测量结束时,应对记录簿统一编号,编写本簿目录及总目录。

总 目 录

序　号	起讫桩号	记录簿编号	起讫页号	备　注

本 簿 目 录

序 号	桥梁名称	桩 号	页 号	备 注

测设工作简要说明

(1)测设过程：

(2)流量计算公式的采用及验证：

一、径流资料　　　　　　　　　　　　　　　　　　　　　P(1)　第___页

桥梁编号			中心桩号	K　　+		地名或河名	
汇水面积				km²	路线方向与水流方向之间的夹角		

简化公式计算流量的参数	所在暴雨分区		设计汇流时间		汇水区内表土种数		
	汇水区地势			主河沟坡度			‰
	汇水区植被						
	汇水区长度(或宽度)			km	汇水区重心至桥位距离		km
	湖泊、泥沼、水库等所占面积						
	设计流量 Q =						
地区经验公式及重要参数							

调查者：_____　20____年____月____日

二、形态调查 P(2) 第___页

(1) 水文断面测量(测时水面高程:)

水文断面图(比例:1 格为   m)

(2) 河床或测时水面比降:

$i =$ ‰

P(3)　第___页

(3)河道情况简述
①河床组成物质:
②河道平面及纵面描述:
③河床表面最大推移粒径(cm):
④桥前允许积水情况:
⑤地表植被:
⑥选用糙率:主槽 $m=$　　　　;滩地 $m=$
(4)桥位处地形平面及布孔位置示意图:

调查者:_____　　20___年___月___日

三、断面测量　　　　　　　　　　　　　　　　　　　　　P(4)　第___页

顺河沟纵断面	左　侧　　　↑　　　右　侧 K+　地面高程：	
	本断面沿路线方向测量,并与路线加桩相衔接。	
顺路线方向河床断面		
桥台处横断面	岸	↑ K+　地面高程：
	岸	↑ K+　地面高程：

调查者：_____　　20___年___月___日

四、小桥设计资料汇总表　　　　　　　　　　　　　　　　P(5)　第____页

桥孔中心桩号	K　　+		路线方向与水流向夹角	
桥孔中心地面高程			桥孔中心处路基设计高	
路线平曲线半径(m)	路基加宽	左 右　　　　m	路面超高	左 右　　　　%
路线设计纵坡	%	竖曲线半径	路线坡度差	
设计流量 $Q=$ 　　　　　　　　m^3/s			设计流速： 　　　　　　　　m/s	
桥下游设计水位：			桥上游壅水水位：	
桥址地质：				
采用桥型,上部构造为：				
桥墩为：　　　　　　　　桥台为：				
基础加固形式：				
其他说明：				

调查者：_____　　20____年____月____日

五、形态法流量计算成果　　　　　　　　　　　　　　　P(6)　　第____页

(1) C_v、C_s 的确定：

(2) 各特征流量的模比系数 K_P 值：

(3) 各特征水位（调查洪水）的流量：

(4) 设计流量的求算：

调查者：_____　　20____年____月____日

六、流量计算过程　　　　　　　　　　　　　　P(7)　　第___页

调查者:_____　　20___年___月___日

P(8)　第___页

调查者：_____　20____年____月____日

D3　大中桥测量记录簿

大中桥测量记录簿

工程名称：_____

记录簿编号：_____

第___本　共___本

路 线 名 称 _____

工程(工点)名称 _____

测 设 单 位 _____

大 中 桥 测 量 记 录 簿

记录簿编号：_____

第___本　共___本

记录开始日期:20_____年_____月_____日

记录完毕日期:20_____年_____月_____日

共填_____页

专业组长_____

指导教师_____

总 目 录

序　号	起讫桩号	记录簿编号	起讫页号	备　注

本 簿 目 录

序　号	桥梁名称	河流名称	起讫桩号	起讫页号

_____大(中)桥
测 量 资 料 记 录

工点名称_____

河流名称_____

桩　　号_____

本 桥 目 录

序　号	资料名称	页　号

一、桥位勘测说明　　　　　　　　　　　　　　　　　　　　　P(1)　　第___页

(1)勘测方法：

(2)勘测项目：

(3)搜集的有关资料：

(4)关于河床糙率的确定：

(5)桥位设计中重点考虑的问题：

桥涵组长：_____   20 ___ 年 ___ 月 ___ 日

二、桥址上游河道水系略图　　　　　　　　　　　　　　P(3)　　第___页

调查者:_____　　20___年___月___日

三、流域特点说明　　　　　　　　　　　　　　　　　　P(4)　第___页

河流概况:本河发源于
桥址下游　　　km 注入　　　,属　　　水系。
桥址上游河流长度　　　km,汇水面积　　　km²
全国水文区编号及名称办:

调查者:_____　　20___年___月___日

四、桥位设计河段特征调查　　　　　　　　　　　　　P(5)　　第___页

项　目	特　征　描　述
稳定性及变形特点	
河段平面外形	
断面及地质特点	
水文特点	

调查者：_____　　20___年___月___日

其他特殊水文条件描述	

调查者：_____ 20____年____月____日

五、水文断面调查(_____断面)　　　　　　　　　P(7)　第___页

部　位	项　　　目			
河槽（包括中水位边滩）	主槽宽(m)		起止桩号	
	左边滩宽(m)		起止桩号	
	右边滩宽(m)		起止桩号	
	河床地质组成：			
	最大推移粒径：			
	其他形态描述：			
左河滩	河滩宽(m)		起止桩号	
	河滩地质组成：			
	滩地土平均粒径：			
	地表植被情况：			
右河滩	河滩宽(m)		起止桩号	
	河滩地质组成：			
	滩地土平均粒径：			
	地表植被情况：			

调查者：_____　　20___年___月___日

水文断面调查(_____断面)　　　　　　　　　　P(8)　第___页

部　位	项　目			
河槽（包括中水位边滩）	主槽宽(m)		起止桩号	
	左边滩宽(m)		起止桩号	
	右边滩宽(m)		起止桩号	
	河床地质组成：			
	最大推移粒径：			
	其他形态描述：			
左河滩	河滩宽(m)		起止桩号	
	河滩地质组成：			
	滩地土平均粒径：			
	地表植被情况：			
右河滩	河滩宽(m)		起止桩号	
	河滩地质组成：			
	滩地土平均粒径：			
	地表植被情况：			

调查者：_____　　20___年___月___日

水文断面调查(_____断面)　　　　　　　　P(9)　第___页

部　　位	项　　　目			
河槽 （包括中水位边滩）	主槽宽(m)		起止桩号	
	左边滩宽(m)		起止桩号	
	右边滩宽(m)		起止桩号	
	河床地质组成：			
	最大推移粒径：			
	其他形态描述：			
左河滩	河滩宽(m)		起止桩号	
	河滩地质组成：			
	滩地土平均粒径：			
	地表植被情况：			
右河滩	河滩宽(m)		起止桩号	
	河滩地质组成：			
	滩地土平均粒径：			
	地表植被情况：			

调查者：_____　　20____年____月____日

六、洪水调查情况说明　　　　　　　　　　　　P(10)　　第___页

(1)水文站分布情况：

(2)历史洪水发生情况：

(3)近期洪水发生情况：

(4)河道通航水位及通航标准：

(5)其他：

调查者：_____　　20___年___月___日

洪痕位置示意图　　　　　　　　　　　　　　　　　P(11)　　第___页

调查者:_____　　20___年___月___日

七、洪痕调查详细记录　　　　　　　　　　P(12)　　第＿＿页

调查者：＿＿＿＿＿＿　　20＿＿年＿＿月＿＿日

八、调查水位综合表　　　　　　　　　　　　　　　　　P(13)　　第___页

洪水发生年月	洪痕编号	高　　程	由_____断面沿流向距离	备　　注

制表 _____　　复核 _____　　20____年____月____日

九、_____断面绳索法测量记录　　　　　　　　　　P(14)　第___页

测　点	距离(m)	桩　号	水深(m)	河底高程	备　注
					测时水位：

测量者：_____　　20___年___月___日

(续前页)　　　　　　　　　　　　　　　　　　　　P(15)　第___页

测　点	距离(m)	桩　号	水深(m)	河底高程	备　注
					测时水位：

测量者：_____　　20___年___月___日

十、_____断面资料综合表　　　　　　　　　　P(16)　第___页

测　点	桩　号	间距(m)	地面高程	备　注

制表_____　复核_____　20____年____月____日

(续前页) P(17) 第___页

测　　点	桩　　号	间距(m)	地面高程	备　　注

制表_____　复核_____　20 ___年___月___日

十一、桥位照片（标记桥轴线） P(18) 第___页

十二、附件目录及说明

有关水文计算书,航道论证、地震、地质资料和主管部门的批文,以及其他相关文件。

D4 通道原始资料记录簿

通道原始资料记录簿

工 程 名 称：_____

记录簿编号：_____

第____本　共____本

路 线 名 称＿＿＿＿＿＿＿＿＿＿＿＿＿＿＿＿

工程(工点)名称＿＿＿＿＿＿＿＿＿＿＿＿＿＿＿＿

测 设 单 位＿＿＿＿＿＿＿＿＿＿＿＿＿＿＿＿

通 道 原 始 资 料 记 录 簿

记录簿编号：＿＿＿＿＿＿

第＿＿本　　共＿＿本

通道＿＿＿＿＿＿座

记录开始日期:20＿＿＿＿年＿＿＿＿月＿＿＿＿日

记录完毕日期:20＿＿＿＿年＿＿＿＿月＿＿＿＿日

共填＿＿＿＿页

专业组长＿＿＿＿＿＿＿＿＿＿

指导教师＿＿＿＿＿＿＿＿＿＿

记录要求与说明

(1)通道长度方向与路线交角用符号"↑→"表示(符号"↑"系指路线前进方向,"→"系指通道长度方向)。

(2)断面测量记录中、符号"↑"或"←"系指路线前进方向。

(3)断面栏中"左(m)"或"右(m)",系指距路中线距离。

(4)用铅笔记录,书写应端正清晰。

(5)错误数据可杠掉重写,注明原因,不得使用橡皮擦除数据。

(6)内容要齐全,签署要完备。

(7)记录应及时复核检查,并留有痕迹。

(8)测量结束时,应对记录簿统一编号,编写本簿目录及总目录。

总 目 录

序　号	起讫桩号	记录簿编号	起讫页号	备　注

本 簿 目 录

序 号	工点名称及起讫桩号	上承本页	下接本页	页 号

调查者_____ 20___年___月___日   第___页

通 道 编 号		中 心 桩 号	K +	道路名称等级	
交叉处地面高程(m)			设计斜交角度(°)		

构造物平面示意图：

	交叉桩号		斜交角度(°)		现有路面高程(m)	
现有道路情况调查	路面和排水等情况简述平面、纵断面、横断面及路基					

·198·

测量者：_____　　　计算者：_____　　　复核者：_____　　　　　　　第___页

中线的纵断面顺通道长方向		— — — K +↑ — —				
		— — 高程：— —				
		— — — — — —				
		— — — — — —				
进出口断面	左(m)	— — → — —				
	右(m)	— — → — —				
改路横断面：						
建筑材料情况：						
通道处地质情况简述：						
通道设计资料	通道类别		采用孔径及式样		被交道宽度	
	通道中心路面高程		路基设计高程		中心填挖	
	通道中心涵底高程		通道底坡度	%	通道顶填土	
	路线纵坡	%	路基宽度	m	加左宽右	m
	平曲线半径	m	超左高右	%	内移值	m
备注						

D5　隧道测设记录簿

隧道测设记录簿

工程名称：_____

记录簿编号：_____

第＿＿本　共＿＿本

路 线 名 称＿＿＿＿＿＿＿＿＿＿＿＿＿＿＿＿＿＿

工程(工点)名称＿＿＿＿＿＿＿＿＿＿＿＿＿＿＿＿＿＿

测 设 单 位＿＿＿＿＿＿＿＿＿＿＿＿＿＿＿＿＿＿

隧 道 测 设 记 录 簿

记录簿编号:＿＿＿＿＿＿

第＿＿本　　共＿＿本

记录开始日期:20＿＿＿＿年＿＿＿＿月＿＿＿＿日

记录完毕日期:20＿＿＿＿年＿＿＿＿月＿＿＿＿日

共填＿＿＿＿页

专业组长＿＿＿＿＿＿＿＿＿＿

指导教师＿＿＿＿＿＿＿＿＿＿

总 目 录

序　号	起讫桩号	记录簿编号	起讫页号	备　注

本 簿 目 录

序　号	隧道名称	山岭名称	起讫桩号	起讫页号

_____隧道
测 量 资 料 记 录

工点名称_____

山岭名称_____

起讫桩号_____

本 隧 道 目 录

一、概述 ··· P1
二、隧道位置示意图 ··· P3
三、洞口地形、地貌素描 ·· P5
四、隧道地形、地貌概述 ·· P7
五、工程水文地质特征 ·· P9
六、特殊和不良地质 ··· P11
七、地质钻孔位置及物探布线 ··· P13
八、隧道控制桩 ·· P15
九、隧道控制测量 ··· P17
十、隧道横断面测量 ··· P19
十一、隧道纵断面资料 ·· P21
十二、环境、气象资料调查 ··· P23
十三、设计中应注意的问题及建议 ··· P25
十四、遗留问题 ·· P27

附注：隧道各记录栏页数不够时可加附页。

一、概述　　　　　　　　　　　　　　　　　　　　　　　　P(1)　　第___页

隧道进出口桩号、长度、隧道所在地名、山名、岩石名、山体走向、海拔高程、气候类型、植被及覆盖层、通信照明方式等。

勘察:_____　检查:_____　20___年___月___日

P(2) 第＿＿页

勘察：＿＿＿＿＿　　检查：＿＿＿＿＿　　20＿＿年＿＿月＿＿日

二、隧道位置示意图　　　　　　　　　　　　　　　　　　　　　　P(3)　　第＿＿页

示出隧道方案及与附近河流、村镇及重要地物关系。

勘察：＿＿＿＿＿＿　　检查：＿＿＿＿＿＿　　20＿＿年＿＿月＿＿日

P(4)　第＿＿页

勘察:＿＿＿＿　　检查:＿＿＿＿　　20＿＿年＿＿月＿＿日

三、洞口地形、地貌素描　　　　　　　　　　　　　　　P(5)　第___页

示出洞口附近地形、地物与洞口的位置关系,最好用照片代替。

勘察:_____　　检查:_____　　20___年___月___日

P(6)　第___页

勘察:_____　检查:_____　20____年____月____日

四、隧道地形、地貌概述   P(7)　第___页

概述隧道地段(特别是进出口段)地形、地貌、地物情况及其所能对隧道的影响。

勘察:_____　　检查:_____　　20____年____月____日

P(8)　第___页

勘察:_____　检查:_____　20___年___月___日

五、工程水文地质特征 P(9) 第___页

岩体构造、岩石名称,成因,岩石软硬、节理、风化程度,对地表、地下水的观察及推断,提出对专业地质工作的建议。

勘察:_____ 检查:_____ 20___年___月___日

P(10)　第___页

勘察:_____　检查:_____　20____年____月____日

六、特殊和不良地质　　　　　　　　　　　　　　　　　　　P(11)　第___页

观察并描述隧道附近的特殊地质及不良地质情况并提出勘察意见。
特殊地质：软土、黄土、膨胀土、岩溶、多年冻土、流砂及含煤、含瓦斯地层。
不良地质：岩堆、崩塌、滑坡、泥石流、雪崩、冰川、陡崖、断层等。

勘察：_____　　检查：_____　　20___年___月___日

P(12)　第___页

勘察:_____　检查:_____　20___年___月___日

七、地质钻孔位置及物探布线　　　　　　　　　　　　P(13)　　第____页

提出并记录钻孔位置及要求达到的孔底高程,布置物探测线位置、范围。

勘察:_____　　检查:_____　　20____年____月____日

勘察：_____　　检查：_____　　20____年____月____日

八、隧道控制桩　　　　　　　　　　　　　　　　P(15)　　第＿＿页

提出控制桩的位置及设置要求,野外放桩后,记录控制桩的桩号、坐标和高程。
一般要求在隧道进出口,辅助坑导口,浅埋地段,地表沉降的地段设控制桩。

勘察:＿＿＿＿　　检查:＿＿＿＿　　20＿＿年＿＿月＿＿日

P(16)　第＿＿页

勘察：＿＿＿＿＿　检查：＿＿＿＿＿　20＿＿年＿＿月＿＿日

九、隧道控制测量　　　　　　　　　　　　　　　P(17)　第___页

平面控制网点位置、坐标、高程,以及永久性水准点的位置、高程。

勘察:_____　　检查:_____　　20___年___月___日

P(18) 第___页

勘察:_____ 检查:_____ 20___年___月___日

十、隧道横断面测量　　　　　　　　　　　　　　　　P(19)　　第___页

隧道进出口、浅埋段,对地表、地物能产生显著影响的地段应测横断面,范围应满足设计要求。

勘察:_____　　检查:_____　　20___年___月___日

P(20) 第___页

勘察：_____ 检查：_____ 20___年___月___日

十一、隧道纵断面资料　　　　　　　　　　　P(21)　第___页

地面高程及设计参数。

勘察:_____　检查:_____　20___年___月___日

P(22)　第＿＿页

勘察：＿＿＿＿＿＿　　检查：＿＿＿＿＿＿　　20＿＿年＿＿月＿＿日

十二、环境、气象资料调查　　　　　　　　　　　　　　　　P(23)　　第＿＿页

(1)附近已建或在建工程；
(2)附近资源如土地、风景点、矿产；
(3)消防、施工、管理、用电、用水、生活生产场地；
(4)通风、照明有关的资料。

勘察：＿＿＿＿　　检查：＿＿＿＿　　20＿＿年＿＿月＿＿日

P(24)　第＿＿页

勘察:＿＿＿＿　检查:＿＿＿＿　20＿＿年＿＿月＿＿日

十三、设计中应注意的问题及建议　　　　　　　　　　　P(25)　　第＿＿页

洞口施工、造型、主体工程施工,衬砌、防排水,通风及照明等方面。

勘察:＿＿＿＿　　检查:＿＿＿＿　　20＿＿年＿＿月＿＿日

P(26)　第＿＿页

勘察：＿＿＿＿＿　检查：＿＿＿＿＿　20＿＿年＿＿月＿＿日

十四、遗留问题　　　　　　　　　　　　　　　　P(27)　　第＿＿＿页

未定方案、未签订的协议及应留到下阶段才能解决的问题。

勘察：＿＿＿＿＿＿＿　　检查：＿＿＿＿＿＿＿　　20＿＿＿年＿＿＿月＿＿＿日

P(28)　第＿＿页

勘察：＿＿＿＿＿＿　检查：＿＿＿＿＿＿　20＿＿年＿＿月＿＿日

D6 原有涵洞调查记录簿

原有涵洞调查记录簿

工程名称:＿＿＿＿＿＿＿＿＿＿

记录簿编号:＿＿＿＿＿＿＿＿＿＿

第＿＿本　共＿＿本

路 线 名 称＿＿＿＿＿＿＿＿＿＿＿＿＿＿＿＿＿＿

工程(工点)名称＿＿＿＿＿＿＿＿＿＿＿＿＿＿＿＿＿＿

测 设 单 位＿＿＿＿＿＿＿＿＿＿＿＿＿＿＿＿＿＿

原 有 涵 洞 调 查 记 录 簿

记录簿编号:＿＿＿＿＿＿

第＿＿本   共＿＿本

记录开始日期:20＿＿＿＿年＿＿＿＿月＿＿＿＿日

记录完毕日期:20＿＿＿＿年＿＿＿＿月＿＿＿＿日

共填＿＿＿＿页

专业组长＿＿＿＿＿＿＿＿＿＿

指导教师＿＿＿＿＿＿＿＿＿＿

总 目 录

序　号	起讫桩号	记录簿编号	起讫页号	备　注

本 簿 目 录

序　号	工点名称及调查记录内容	页　号	备　注

调查者_____ 20____年____月____日 天气：_____ 第____页

涵洞编号	
桩号	
地名或沟名	
距新线中心距离(m)	
涵洞式样及建筑材料	
孔径(m)矢度(拱涵)	
涵身长(m)	
涵洞墩台高度(m)	
涵顶填土高(m)	
涵洞进出口及河床加固式样	
涵洞与路线交角	
涵底坡度(%)	
涵洞排水情况	
河床表面地质及冲刷情况	
建筑年代	
涵洞现况及利用情况	
估计载重	
其他	

第＿＿页

草图及其他说明：

D7　原有桥梁构造物调查记录簿

原有桥梁构造物
调查记录簿

工程名称：_____

记录簿编号：_____

第____本　共____本

路 线 名 称 _____

工程(工点)名称 _____

测 设 单 位 _____

原 有 桥 梁 构 造 物 调 查 记 录 簿

记录簿编号:_____

第___本　共___本

记录开始日期:20_____年_____月_____日

记录完毕日期:20_____年_____月_____日

共填_____页

专业组长_____

指导教师_____

总 目 录

序 号	起讫桩号	记录簿编号	起讫页号	备 注

本 簿 目 录

序　号	工点名称及调查记录内容	页　号	备　注

调查者_____ 20___年___月___日 天气：_____ 第___页

桥梁编号	
桩号	
地名或河名	
距新线中心距离(m)	
式样及建筑材料	
孔数跨径矢度(拱桥)	
桥梁全长(m)	
上部构造建筑高度(m)	
桥面净宽(包括人行道)(m)	
桥墩结构形式及尺寸(m)	
桥台结构形式及尺寸(m)	
桥梁交角	
河床加固式样	
河床比降	
历史最高水位及淹没痕迹水位	
通航水位和通航净空	
桥孔排水情况	
河床表面地质及冲刷情况	
建筑年代	
构造物现况及利用情况	
估计载重	

原有构造物测绘草图　　　　　　　第＿＿＿页

　立面　

　平面　

　桥墩　

　桥台

E1 道路交叉测量调查记录簿

道路交叉测量调查记录簿

工 程 名 称：_____

记录簿编号：_____

第___本 共___本

路 线 名 称＿＿＿＿＿＿＿＿＿＿＿＿＿＿＿＿＿＿＿

工程(工点)名称＿＿＿＿＿＿＿＿＿＿＿＿＿＿＿＿＿

测 设 单 位＿＿＿＿＿＿＿＿＿＿＿＿＿＿＿＿＿＿＿

道 路 交 叉 测 量 调 查 记 录 簿

记录簿编号：＿＿＿＿＿＿

第＿＿本　共＿＿本

记录开始日期:20＿＿＿＿年＿＿＿＿月＿＿＿＿日

记录完毕日期:20＿＿＿＿年＿＿＿＿月＿＿＿＿日

共填＿＿＿＿页

专业组长＿＿＿＿＿＿＿＿＿＿

指导教师＿＿＿＿＿＿＿＿＿＿

记录要求与说明

（1）本记录簿为高等级公路和低等级公路施工图测量使用，初测也可使用此簿。

（2）本记录簿主要用于分离式立体交叉和平面交叉，较复杂的通道和较简单互通式立体交叉也可使用此簿。

（3）要求调查记录清晰，资料收集齐全，调查时间要填写清楚，调查人要签署完整。

（4）错误数据可杠掉重写，注明原因，不得使用橡皮擦除数据。

（5）在画示意图时，应标注出被交叉道与路线的交角，并注出通达地点。

（6）测量结束时，应对记录簿统一编号，编写本簿目录及总目录。

总 目 录

序　　号	起讫桩号	记录簿编号	起讫页号	备　　注

本 簿 目 录

序　号	资料名称	页　号	备　注

一、基本资料调查　　　　　　　　　　　　　　　　　P(1)　第___页

交叉编号		中心桩号		斜交角度	
交叉处地面高程(m)			设计荷载		
现有被交叉道路调查	被交道名称		交叉点中心桩号		
	交叉点高程(m)		斜交角度(°)		
	道路等级		路面结构及厚度		
	路基宽度(m)		路基排水及防护		
	交通状况		规划等级		
野外初拟交叉形式					

示意图：

调查者：_____　　20___年___月___日

二、现有被交叉道路测量　　　　　　　　　　　　　　　　P(2)　　第___页

	置镜点编号、坐标、高程及仪器高、气温			后视点编号、坐标、高程及后视方位角			
现有被交叉道路平面及纵断面测量（1）	测　点	方位角 (° ′ ″)	距离 （m）	高差 （m）	坐标(m)		高程 （m）
					X	Y	

	左　侧　　　　　　↑　　　　　　右　侧
现有被交叉道路纵断面测量（2）	（纵断面图，中间标注 + 和 K）

测量:_____　　计算:_____　　复核:_____　　20___年___月___日

三、路线设计资料测量　　　　　　　　　　　　　　　　　　P(3)　　第___页

<table>
<tr><td rowspan="4">被交叉道路改线及交叉处引道接线（1）</td><td colspan="7">路线基本要素　　　　　　　　　　　　　路线平面示意图</td></tr>
<tr><td colspan="3">置镜点编号、坐标、高程</td><td colspan="4">后视点编号、坐标、高程及方位角</td></tr>
<tr><td rowspan="2">桩　号</td><td rowspan="2">方位角
（°　′　″）</td><td rowspan="2">距离
（m）</td><td rowspan="2">高差
（m）</td><td colspan="2">坐标（m）</td><td rowspan="2">高程
（m）</td></tr>
<tr><td>X</td><td>Y</td></tr>
<tr><td></td><td></td><td></td><td></td><td></td><td></td><td></td></tr>
<tr><td></td><td></td><td></td><td></td><td></td><td></td><td></td></tr>
<tr><td></td><td></td><td></td><td></td><td></td><td></td><td></td></tr>
<tr><td></td><td></td><td></td><td></td><td></td><td></td><td></td></tr>
<tr><td></td><td></td><td></td><td></td><td></td><td></td><td></td></tr>
<tr><td></td><td></td><td></td><td></td><td></td><td></td><td></td></tr>
<tr><td></td><td></td><td></td><td></td><td></td><td></td><td></td></tr>
</table>

被交叉路线纵断面(2)　　　　左　侧　　　↑　　　右　侧

测量：_____　　计算：_____　　复核：_____　　20___年___月___日

四、桥梁设计资料 　　　　　　　　　　　　　　P(4)　第___页

桥孔中心桩号			现有路面或轨顶高程(m)	
净空要求(m)			规划路面或轨顶高程(m)	
桥址地质情况简述				
野外初拟	上部构造			
	下部构造			
	施工方案			
桥台断面				
桥头接线横断面测量记录说明				
有关附件说明				

测量：_____　计算：_____　复核：_____　20___年___月___日

E2 管线交叉测量调查记录簿

管线交叉测量调查记录簿

工程名称：＿＿＿＿＿＿＿＿＿＿

记录簿编号：＿＿＿＿＿＿＿＿＿＿

第＿＿本　共＿＿本

路 线 名 称_____

工程(工点)名称_____

测 设 单 位_____

管 线 交 叉 测 量 调 查 记 录 簿

记录簿编号:_____

第___本　共___本

记录开始日期:20_____年_____月_____日

记录完毕日期:20_____年_____月_____日

共填_____页

专业组长_____

指导教师_____

记录要求与说明

(1)要求调查记录清晰,资料收集齐全,调查时间要填写清楚,调查人要签署完整。
(2)在画示意图时,应标注出被交叉管线与路线的交角,并注出通达地点。
(3)本记录簿为高等级公路和低等级公路施工图测量使用,初测也可使用此簿。
(4)错误数据可杠掉重写,注明原因。
(5)不得使用橡皮擦除数据。
(6)测量结束时,应对记录簿统一编号,编写本簿目录及总目录。

总　目　录

序　号	起讫桩号	记录簿编号	起讫页号	备　注

本 簿 目 录

序　　号	资 料 名 称	页　　号

20___年___月___日　　调查者_____　复核者_____　　　　　　　第___页

管线编号		交叉中心桩号	
管线类型		管线名称	
斜交角度		交叉点地面高程	
管线等级尺寸(m)		管线横向范围(m)	
管线所属单位			

交叉情况描述及示意图：

20＿＿年＿＿月＿＿日　　调查者＿＿＿＿＿＿　复核者＿＿＿＿＿＿　　　　　　　　第＿＿页

管线中线及高程测量	置镜点编号、坐标、高程、仪器高及气温(℃)			后视点编号、坐标、高程及后视方位角		
	测点	方位角 (° ′ ″)	距离 (m)	高差 (m)	坐标(m)	高程 (m)
					X　　　Y	

中心点距地面高差(或埋深)(m)	
规划情况	
主管部门意见	
初拟处理方案	
施工方案	
有关附件目录	
其他说明	

·263·

取样标签

取样标签

路线及工程名称：_____

勘察单位：_____

钻孔或探坑编号：_____

桩号_____ + _____

样品编号：_____

深度由_____ m 至_____ m

样品名称：_____
_____

_____年_____月_____日

记录者：_____

取样标签

路线及工程名称：_____

勘察单位：_____

钻孔或探坑编号：_____

桩号_____ + _____

样品编号：_____

深度由_____ m 至_____ m

样品名称：_____
_____

_____年_____月_____日

记录者：_____

参 考 文 献

[1] 中华人民共和国行业标准. JTG B01—2014 公路工程技术标准[S]. 北京:人民交通出版社, 2014.
[2] 中华人民共和国行业标准. JTG C10—2007 公路勘测规范[S]. 北京:人民交通出版社, 2007.
[3] 中华人民共和国行业标准. JTG D20—2006 公路路线设计规范[S]. 北京:人民交通出版社, 2006.
[4] 中华人民共和国建设部. GB 50026—2007 工程测量规范[S]. 北京:中国计划出版社, 2008.
[5] 陈方晔. 公路勘测设计[M]. 北京:人民交通出版社, 2005.
[6] 吴瑞麟, 李亚梅, 张先勇. 公路勘测设计[M]. 武汉:华中科技大学出版社, 2010.
[7] 潘威. 公路工程施工测量技术[M]. 北京:人民交通出版社, 2005.